혼자가
두렵지 않다면

거짓말

혼자가
두렵지 않다면

거짓말

김남금 지음

그래
도봄

슬기로운
홀로 라이프를
위하여

'책을 읽고 났더니 얼른 만나
고 싶어요.'

한 모임에서 만나 알고 지낸 지 6년째에 접어든 지인
의 메시지였다. 졸저 《비혼이 체질입니다》를 읽은 후였
다. 퇴근 후 만나서 저녁을 먹으며 그녀는 말했다. "저도
혼자 살아요. 혼자 사는지 아무도 안 물어봐서 말 안 했을
뿐이에요" 하고 활짝 웃었다. 그동안 혼자 가슴에 묻었던
사실을 알렸다. 마치 타고 있던 엘리베이터에서 내리듯이

가볍게. 정확히 말하면 그녀는 올해 성인이 된 딸과 함께 산다. 그동안 딸 이야기는 종종 했지만, 남편 이야기는 거의 한 적이 없다.

"남편과 사이가 안 좋은 정도로만 짐작했어요. 주변에 배우자와 각방 쓰며 사이 안 좋은 사람 많으니까."

나도 가볍게 말하며 웃었다.

그녀는 어쩌면 비밀 아닌 비밀을 먼저 물어주기를 기다렸는지도 모른다. 혼자 탄 엘리베이터에서 빨리 내리려고. 하지만 상대가 먼저 말하지 않으면 가정생활에 대해 묻지 않는 게 예의라는 관습을 착실히 따르는 바람에 그녀는 계속 혼자 엘리베이터에 있었다. 그녀와 홀로 사는 것에 대한 이런저런 이야기를 더 나누었다.

"결혼한 적이 없는 싱글과 아이가 있는데 이혼한 싱글은 입장이 또 달라요. 또래들보다 일찍 출산해서 이제 아이가 성인이라 갑자기 시간이 많아졌어요. 이제 나에 대한 고민이 생겨요. 내가 뭘 좋아하고 앞으로 어떻게 살아야 할지 고민 중이에요. 주말마다 운동하러 나가고, 집에 있어도 가만히 못 쉬고 자꾸 일을 만들어서 몸을 움직이는데, 실은 우울한 상태이면서 그걸 부정하는 건지도 모르겠어요."

그녀는 자기를 잘 알고 자기만의 생활 철학이 있어서

일상을 촘촘하고 깔끔하게 꾸리는 것처럼 보인다. 마음속 우물의 깊이까지는 알 수 없지만, 터득한 지혜를 직장 생활과 아이를 양육하는 데 적절하게 사용한다. 다만 살아가는 데 꼭 필요한 '마음의 이완'을 경계하고, 쓸모없다고 여기는지도 모른다. 가끔 혀를 내두를 고집도 부리고, 고개를 갸우뚱하게 만드는 엉뚱한 짓도 필요하다. 나는 딴짓 쓸모 예찬론자다. 그녀의 삶에 쓸모없는 딴짓이 추가되면 좋겠다. 감정을 억누르지 말고 밖으로 왕창 내어놓는 딴짓. 앞으로도 하지 않을 것 같지만 말이다.

당장 쓸모없어 보이는 딴짓의 대가라면 영화 〈시네마 천국〉의 토토를 빼놓고 이야기할 수 없다. 칸 영화제 심사위원 대상, 미국 아카데미 시상식에서 외국어 영화상을 받은 〈시네마 천국〉을 본 사람이라면 '맑은 눈을 가진 귀여운 광인' 토토를 잊지 못할 것이다. 토토는 엄마가 우유를 사 오라고 보냈더니 중간에 영화관으로 새버린다. 우유 살 돈을 영화 티켓과 바꾸고 엄마에게 등짝 스매싱을 당하는 못 말리는 딴짓 대마왕. 피가 되고 살이 되는 우유 대신 토토는 쓸모없는 짓에 시간과 돈을 쓴다.

토토에게 영사실과 영화는 지루한 작은 동네를 떠나 세계를 여행하는 채널이다. 또 동네에서 만날 수 없는 낯선 사람들을 만나는 사교장이다. 인생의 희로애락을 맛보고, '어른식' 사랑도 배운다. 토토의 절친이자 영사기사인 알프레도는 토토에게 말한다.

"여기에 사는 동안은 여기가 세계의 중심인 줄 알지. 변하는 건 아무것도 없어."

내가 서 있는 세상도 토토가 사는 세상만큼 좁다. 1인 가정이 늘고 있지만 여전히 4인 가족 풍경으로 재단하는 말을 종종 듣는다.

"비혼이라서 그래."

'결혼해서 그래'란 말은 잘 안 쓰면서 '이혼해서 그래', '혼자 살아서 그래'가 아무렇지도 않은 세상. 혼자 사는 사람을 이해하고 자연스럽게 받아들이기보다 분류하는 언어로 다름을 규정하는 데 익숙한 세상. 지인이 싱글 맘이라고 먼저 말하지 않은 이유일 것이다. 나는 그녀에게 말했다.

"힘든 일을 모두에게 말할 필요는 없지만 한 사람에게는 말해야 해요. 대나무숲은 꼭 필요하거든요."

대나무숲이 머스트 해브 아이템이라는 데 반대할 사람은 없을 것이다. 하지만 각자 등에 진 생활의 무게가 다르고, 느끼는 피로도 다르다. 피로에는 공감이 필요한데 분류하는 언어를 듣는다면 집에 돌아와서 자책하게 된다.

'내가 오늘도 쓸데없이 말했구나.' 피가 흐르고 살아 숨 쉬는 단 한 사람의 공감이 절실하지만, 분류하는 언어를 사용하는 사람들에게 둘러싸이면 감정의 이완보다는 긴장을 선택하고 싶다.

울고 싶은 날, 혼자라서 두려운 날, 폴짝폴짝 뛰어오를 정도로 기분 좋은 날; 함께할 상대가 없어서 김빠지는 날, 말하기 껄끄러운 고민이 있는 날, 영화 속 인물은 치대기에 제격이다. 꺼이꺼이 울어도 다른 사람에게 소문내지도 않고, 나만의 웃음 포인트에서 빵 터져도 광인으로 취급받지도 않는다. 이유 없이 혼자 눈물을 쏟아낸 후에는 머쓱하면서도 상쾌하다. 영화 속 인물들을 만나며 토토가 그랬던 것처럼.

하지만 "영화는 현실이 아니다. 현실은 영화보다 훨씬 혹독하고 잔인해. 그래서 인생을 우습게 보아선 안 돼. 우리 모두 각자 따라가야 할 별이 있기 마련이지." 알프레도의 말대로 토토는 영사실을 벗어나 자신의 별을 따라 로마로 가서 영화감독이 되고 난 뒤 고향을 찾는다. 우리도 영화를 보다 보면 뜻밖에 내 별을 발견할지 누가 알겠는가.

"무슨 일을 하든 자신의 일을 사랑하렴. 네가 어렸을 때 영사실을 사랑했듯이."

알프레도가 토토에게 건넨 말이다. 한때 영화든 사람이든 무언가를 사랑한 적이 있는 사람이라면 삶의 모양이 어떠하든 삶을 사랑할 줄 아는 사람이라고 말하고 싶다. 나는 1인분의 삶을 꾸리고 있고, 앞으로도 그럴 것 같다. 1인분의 삶이라고 해서 외롭고 적적하기만 한 것도 아니고, 자유만 있는 것도 아니다. 4인 가족이 만드는 일상 풍경이 다채로운 것처럼 1인분의 일상도 다채롭다. 다만, 고민의 주제나 행복을 느끼는 지점이 조금 다를 뿐이다.

초고령화 시대에 혼자 사는 것은 숨을 거둘 때까지 나 자신을 부양하고 돌봐야 한다는 뜻이다. 자신을 부양하고 돌보는 일은 이 땅에 태어난 모두의 과제다. 이 책은 결혼을 기준으로 구별 짓는 미혼, 비혼, 이혼 등의 단어에 얽매이기보다 '홀로 사는 풍경'에 무게를 두었다. 나처럼 결혼하지 않고 혼자 사는 사람, 결혼했어도 여러 가지 이유로 혼자 사는 사람, 사별이나 이혼으로 혼자가 된 사람 들이 그동안 봉인해서 가슴 깊숙이 넣어둔 감정을 들추어내고, 위안을 얻을 수 있으면 좋겠다. 홀로 라이프의 기쁨과 슬픔, 생계와 주거 프레임, 관계의 어려움과 연대, 나아가 죽음의 여러 풍경까지 영화 속 인물과 사건을 편집해서 확대해보았다.

홀로 라이프에 대해 이야기를 나눌 상대가 그리울 때, 속이 부글부글 끓는 일이 있지만 입 밖으로 말하면 쪼잔해 보일 것 같을 때, 나도 잘 모르는 감정 조각들이 가슴속에서 둥둥 떠다녀 개운하지 않을 때, 주말이나 연휴에 넷플릭스나 왓챠를 뒤적이며 볼 게 없어서 욕이 나올 때, 곁에 두고 펼치는 책이 되면 좋겠다. 당신과 나, 우리 모두의 슬기로운 홀로 라이프를 위하여.

CONTENTS

슬기로운
홀로 라이프를
위하여

Chapter.1

혼자는 외롭다는
선입견 vs.
둘은 완전하다는
환상

우정 상담소가 필요해

▶ 프란시스 하

원제: Frances Ha
감독: 노아 바움백
출연: 그레타 거윅, 믹키 섬너, 아담 드라이버 외
개요: 드라마, 미국, 2014

서른 언저리였다. 술잔을 부딪치며 시끌벅적 떠들던 친구들이 하나둘씩 결혼해서 사라졌다. 가끔 친구들이 어떻게 사는지 궁금해서 SNS를 들여다보았다. 앙증맞은 옷을 입은 아이의 생생한 표정이 담긴 사진, 아이가 손으로 꼼지락거려 그린 그림 사진, 아이가 만든 공작물 사진······. 처음부터 끝까지 아이 사진만 볼 수 있었다. 친구 얼굴은커녕 소식도 알 수 없었다. 내가 그리워하던 친구의 일상 대신 친구 아이가 좋아하는 것, 아이가 그린 그림, 아이의 다양한 표정만 알게 됐다. 아이의 행복에서 내 우정의 흔적은 찾기 어려웠다. 쓸쓸했다. 친구에게 '가끔 나 기억나?' 속으로 중얼거리곤 했다. 친구는 현생에 흠뻑 빠졌는데 나 혼자 과거 속에서 어슬렁거리는 것 같았다.

어느 날 문득 학교 다닐 때 붙어 다녔던 친구가 그리운 것은 실은 나의 '봄날'에 대한 그리움일지도 모른다. 파릇파릇해서 많은 가능성이 열려 있던, 그래서 불안했던 내 젊음에 대한 향수일지도 모른다.

영화 〈작은 아씨들〉의 감독인 그레타 거윅이 각본을 쓰고 주연한 〈프란시스 하〉. 프란시스 하는 스물일곱의 견습 무용수로 청춘 열차 탑승객이다. 청춘 열차는 목적지가 정해져 있지 않은 채 앞으로 달리기만 한다. 프란시스는 20대에게는 위안을 주고, 20대를 지나온 비혼에게는 20대로 돌아가는 시간 여행을 선사한다.

프란시스는 '머리만 다른 쌍둥이' 같은 학창 시절 친구 소피와 함께 산다. 둘은 졸업 후에도 변함없는 우정에 기대어 매달 집세와 생활비 걱정도 그럭저럭 견딜 만하다. 집에서도, 퇴근 후에도, 휴일에도 같이 시간을 보낸다. 두 사람에게 서로의 존재는 공기처럼 자연스럽고 편하다. 둘은 어깨를 맞대고 한 침대에 누워서 화려한 미래를 꿈꾸곤 한다.

"우리 이야기해줘."

"좋아, 프란시스. 우리는 세계를 접수할 거야."

"넌 출판계에서 먹어주는 거물이 되고."

"넌 완전 유명한 무용수가 되고 네 이야기를 써서 책으로 내는 거야."

소피는 출판사에 다니고 프란시스는 무용수를 꿈꾼다. 주머니는 홀쭉하지만 패기는 두둑한 청춘. 청춘은 씨앗의 발아를 기다리며 잔뜩 웅크리는 때다. 어떤 떡잎이 날지 아무도 모른다. 소피의 떡잎은 프란시스가 전혀 예상하지 못한 곳에서 자란다. 소피는 남자 친구와 동거를 결정하고 프란시스에게 통보한다.

이제 둘의 우정은 1막이 끝나고 2막에 접어든다. 저녁에 집으로 돌아와 대화를 나누던 친구는 더 이상 없다. 프란시스는 소피가 도쿄로 발령이 난 남자 친구와 떠난다는 소식을, 다른 사람에게서 듣는다. 그녀는 단짝 소피가 자신의 일을 남자 친구에게만 말하는 것을 질투한다. 프란시스는 우정의 모양이 달라질 수 있다는 사실을 받아들일 준비가 안 됐다. 심지어 소피의 남자 친구 앞에서 자기도 가족이 되고 싶다며 떼를 쓸 정도다.

프란시스는 일도 잘 안 풀린다. 무용수가 되고 싶은데 오히려 무용단 사무직 자리를 제안받자 무용수로 받아줄 곳이 있다고 허세를 부리며 사무직을 거절한다. 그러고는 모교에서 행사 도우미를 하며 견습 무용수로 지낸다. 이 생활에 언제 마침표를 찍을 수 있을지 모른 채. 봄볕은 프란시스의 처지를 아랑곳하지 않고 찬란하게 빛난다.

미국 저널리스트이자 작가인 캐럴라인 냅은 《명랑한 은둔자》에서 결혼이나 가족처럼 제도화된 관계는 사회적 지지를 받지만, 우정에는 규칙도 없고 친구와 관계가 소원해졌다고 '우정 상담소'를 찾지는 않는다고 말한다. 생각해보니 가족 상담소, 직업 상담소, 연애 상담소 등은 있는데 우정 상담소는 그 어디에서도 찾아볼 수 없다. 인생에서 중요한 요소 중 하나로 늘 친구를 꼽으면서 말이다. 우정도 흔들리고 마모되고 소멸한다. 그러다 소생하고 새로 태어난다.

20대를 돌이켜보면 프란시스처럼 내가 피우고 가꿀 수 있는 꽃이 무엇인지 몰라서 갈팡질팡했다. 대학원을 졸업하느라 친구들보다 늦게 직장 생활을 한 터라 '나의 쓸모'에 끊임없이 의문을 품었다. 총천연색으로 빛나는 거리에서 나만 흑백 시대에 머무는 것 같아서 조급했다. 친구들이 차례로 청첩장을 내밀 때마다 축하를 건네면서도 가슴이 철렁했다. 나는 이제 누구랑 술 마시고, 주말이나 휴일에는 누구랑 노나. 이런 질문들은 직장에 다니면서 자연스럽게 지워졌지만 말이다. 우정이 8할이었던 학창 시절과 달리 어른 세계에서는 우정도 사랑처럼 움직이는 것임을 차츰 인정하게 된다.

일찌감치 자기 길을 찾아가는 소피와 달리 숨이 턱 끝까지 차오르게 거리를 달리는 프란시스에게 나의 20대를 대입하고는 프란시스를 힘껏 응원한다. 프란시스는 무엇이든 꿈꿀 수 있지만, 아무것도 될 수 없을지 모른다. 그렇더라도 한 가지만은 분명하다. 언젠가 프란시스도 학창 시절의 순도 높은 우정에 대한 환상에서 깰 것이고, 새로운 모양의 우정에 익숙해질 것이다. 단짝 소피를 향해 오르락내리락하는 감정도 잦아들고, 이따금 안부를 나누며 소피 곁에 남편과 아이가 있는 현실을 받아들일 것이다. 동시에 자신의 길을 찾아서 뚜벅뚜벅 걸어갈 것이다. 길이 아니면 되돌아오더라도.

"친구들과 어울려 밤새 술 마시며 이야기하고, 새벽녘 첫 지하철이 다닐 때 집에 들어가곤 했던 적이 있어요. 그렇게 친하게 지냈는데 이제 그 친구들과 연락도 안 하게 될 줄 몰랐어요. 다들 잘 살고 있겠죠?"

언젠가 C가 탄식에 가까운 말을 한 적이 있다. C의 표정에서 쓸쓸함이 묻어났다. C와 내가 그리워하는 대상이 친구들인지 친구들과 어울려 다녔던 우리의 20대인지 모호했다. 우정이 우선순위였던 시간은 '화양연화'였다. 사회적 의무와 책임은 상대적으로 헐겁고, 잠재된 가능성은 컸으며, 터무니없는 권리를 주장해도 이해받았던 때니까.

졸업은 매일 뭉쳤던 친구들과 거리 두기를 배우는 출발점이다. 신입 사원으로 살아남으려면 친구들은 잠시 서랍에 넣어두어야 했다. 겉에서 보면 '직장인'이란 이름표를 단 비슷한 모습이지만 가까이서 보면 저마다 다른 길을 걷는다. 일상에 점점 매몰되고, 인생에서 중요한 사건들이 일어났다가 지나간다. 크고 작은 사건을 겪고 그 흔적이 고유한 개성으로 삶에 새겨진다. 프란시스는 싱글로, 소피는 결혼을 앞두고 있다. 나와 내 단짝도 그랬다. 일상에서 일어나는 일을 공유하는 빈도가 줄어들면서 친구 사이에 공통점도 줄어든다. 대신 환경과 나이에 맞추어 적응한 사회인이 된다.

대학 때 단짝을 2023년 연말에 만났다. 코로나로 거리 두기를 오래 한 탓도 있지만 인생의 항로가 완전히 달라진 터라 카톡으로 가끔 안부 메시지만 주고받았다. 지하철로 세 정거장 거리에 사는데 먼저 만나자는 말을 아무도 하지 않은 채. '한번 보자!'라고 말하는 데 5년이 걸렸다. 마주 앉아서 그동안의 근황을 압축해 대화를 나누며 새삼 깨닫는다. '아, 이래서 내 친구였구나.' 일상의 사건과 고민에 맞서 언제나 긍정적이었던 친구를 다시 찾는다.

홀로 사는 비혼 친구들과도 생활 반경이나 방식이 달라서 무소식이 희소식이라고 믿으며 대체로 고요한 시간을 보낸다. 그러다가 짧게는 몇 달에 한 번씩, 길게는 몇 년에 한 번씩, 침묵의 문을 두드린다. 그동안 겪었던 일을 주고받으며 과거와 현재를 가로지른다. 관계의 농도는 옅어졌을지라도 우리는 여전히 친구다. 나도 모르는 나를 친구가 안다. 친구가 모르는 친구를, 나는 안다.

혼자가 두려운 이유

▶ **다가오는 것들**

원제: L'avenir
감독: 미아 한센-러브
출연: 이자벨 위페르, 에디트 스콥 외
개요: 드라마, 프랑스, 2016

2021년 기준 1인 가구 비율은 36퍼센트이고, 특히 관악구는 2022년 12월 기준으로 1인 가구 비율이 61퍼센트로 서울에서 가장 높다.* 1인 가구는 비혼만 있는 게 아니다. 1인 가구가 증가하는 이유 중에는 이혼, 사별 등도 있다. 이는 고령화와 밀접한 관련이 있다.

---

* 안지호, '관악구, 1인 가구 61%… 지원 사업 134억 투입', 〈1코노미뉴스〉, 2023년 1월 6일자 기사.

게다가 한 번 부부가 됐으면 죽이 되든 밥이 시커멓게 타든 숨을 거둘 때까지 함께 사는 시대가 아니다. 수명이 늘어나면서 배우자가 먼저 세상을 떠나는 경우도 많다.

나처럼 결혼 경험이 없는 사람보다 결혼으로 가족을 이루었던 사람이 홀로 설 때 두려움이 더 클 수 있다. 결혼 생활이 좋지 않았더라도 혼자인 상태가 익숙하지 않고, 혼자 살 준비가 안 된 탓이다. '나이 들어서 혼자 살면 외로움 당첨'이라는 등식이 있다. 이는 지금까지 혼자 나이 드는 다양한 삶의 모델을 본 적이 별로 없어서다.

혼자 사는 노인에게는 독거노인이라는 딱지가 붙는다. 독거노인은 '빈곤 상태에 놓인 외로운 노인'과 동의어로 해석된다. 매달 임대료를 받는 건물주이고, 외제차를 타고 다니며 혼자 여가를 즐기는 노인을, 독거노인의 모습으로 떠올리진 않는다. 독거노인은 말 그대로 혼자 사는 노인인데 말이다. 독거노인의 이미지는 왜 이토록 부정적일까? 여기엔 사회가 제시한 이미지가 한몫한다. 나도 독거노인의 통념적 이미지에서 자유롭지 못했다. '독거노인 신세만은 되지 말아야 할 텐데' 하고 막연히 생각했다. 더 나이 들면 돈이 많든지 곁에서 서로의 어깨를 토닥일 연인이 있으면 좋겠다고 생각하곤 했다. 나도 모르게 둘은 안 외롭고 경제적으로 넉넉하고 정서적으로 안정될 거라는 이미지를 마음 깊은 곳에 새겨두었다. 둘이라면 정말 안 외롭고 넉넉할까?

베를린 국제 영화제에서 감독상을 받고, 이자벨 위페르가 주연한 〈다가오는 것들〉에서 나탈리는 고등학교 철학 교사다. 어느 날 남편이 나탈리에게 갑자기 고백한다.

"나 다른 사람이 생겼어."

"그걸 왜 나한테 말해. 혼자 묻어둘 순 없었어?"

"그녀와 살고 싶어."

나탈리는 아무런 준비 없이 '혼자 살기'에 툭 내던져진다. 듣고 싶지 않은 남편의 고백 전까지는 직업적으로 보람찬 시간을 보내며 가정도 그럭저럭 잘 굴러갔다. 나탈리가 두 발 동동거리며 기름칠하고 조였던 일상의 톱니바퀴 하나를 남편이 빼버렸다. 나탈리는 훌륭한 정비사이지만 빠져버린 톱니바퀴 수명을 연장하진 못한다. 톱니바퀴의 균열은 오랜 시간에 걸쳐 일어났지만, 사람은 보고 싶은 것만 보고 듣고 싶은 것만 듣는다. 설상가상으로 출판 예정이던 교재도 전면 백지화된다. 그녀를 따르던 제자 파비엥은 대안적 삶을 꿈꾸며 그녀의 사상을 비판한다. 한밤중에 전화해서 귀찮게 하던 엄마는 더는 혼자 지낼 수 없어 요양원에 들어간 후 결국 세상을 떠난다.

사랑하는 여자와 살고 싶다는 남편의 선언과 함께 거센 폭풍이 기다렸다는 듯이 휘몰아친다. 안 좋은 일은 동시에 들이닥친다. 이런 일은 언제든지 누구에게나 일어날 수 있다. 나탈리가 아무리 성실의 아이콘이어도 전부 막아내기는 버겁다. 남편이 나간 자리, 들기 버거운 짐 같았던 엄마의 빈자리는 크기만 하다. 자식들도 다 커서 자기들만의 둥지로 날아가 집이 텅 비었다. 제자마저 그녀의 철학은 죽은 것이라고 비판한다. 나탈리에게 속했던 모든 것이 동시에 모래 알갱이처럼 손가락 사이로 빠져나가버렸다.

이제 나탈리에게 남은 것은 '온전한 자유'다. 나탈리는 새털처럼 가벼워야 할 온전한 자유가 전혀 기쁘지 않다. 오히려 자유는 불청객이다. 의지할 사람이라곤 자신밖에 없다. 나탈리는 무엇을 할 수 있을까?

"현실 부정은 어디에도 도움이 안 돼. 고정관념에 동조하는 결과를 낳을 뿐."

"별일 아니야. 삶이 끝난 것도 아니야. 지적으로 충만하게 살잖아."

한바탕 휘청거린 후, 나탈리가 한 말이다.

100세 시대다. 아무리 둘러봐도 과거와 같은 안정성은 찾을 수 없다. 직업은 물론이고 가족도 마찬가지다. 한번 이룬 가족 상태가 죽을 때까지 지속되지 않는다. 둘이 살다가도 혼자가 되고, 해로해도 두 사람이 같은 날 죽지 않는다. 배우자 중 한 사람이 병으로 먼저 죽으면 나머지 한 사람은 혼자 남겨지기 마련이다. 그렇더라도 나탈리 말대로 삶이 끝난 게 아니다. 결혼 생활이 끝났을 뿐이고, 아이들이 성인이 됐을 뿐이다. 즉, 혼자 살 시간이 다시 주어졌다.

뉴욕대학교 사회학과 교수이자 공공지식연구소장인 에릭 클라이넨버그는 《고잉 솔로 싱글턴이 온다》에서 이렇게 지적한다. 궁극적 문제는 '얼마나 많은 사람이 혼자 사는지가 아니라 혼자 산다는 사실을 우리가 어떻게 받아들이는가'•라고. 인류의 혼자 살기 실험은 초기 단계이며 혼자 사는 것이 우리 삶과 가족, 공동체 나아가 도시와 국가에 어떤 영향을 끼치는지를 이제 막 이해하기 시작했다.

그의 주장처럼 혼자 사는 것을 문제로만 바라보면 혼자 살기의 긍정적 기능을 간과하는 셈이다. 태양이 진다고 해서 태양이 사라지는 것이 아니다. 우리 눈에 안 보일 뿐 태양은 늘 그 자리에 있다. 나탈리의 경우도 마찬가지다.

• 에릭 클라이넨버그 지음, 안진이 옮김, 《고잉 솔로 싱글턴이 온다》, 더퀘스트, 2013, 303쪽.

그녀의 일상을 지탱하는 자기장은 사실 그대로다. 가족, 일, 바깥 활동에서 만난 다양한 관계 등 삶의 여러 요소들은 여전히 그녀의 위성이다. 자식이 품을 떠났어도 여전히 자식이고, 제자가 다른 사상의 길을 가더라도 여전히 제자다. 다만, 관계의 밀도가 헐거워져서 관계를 유지하는 방법이 조금 달라졌을 뿐이다. 나탈리는 자유의 바람에 서서히 익숙해질 필요가 있다.

20년 가까이 같이 살던 가족이 나탈리의 품을 떠났을 때, 그녀가 강렬한 고통을 느끼는 것은 어쩌면 상상 탓일지도 모른다. 바람 세차게 부는 낭떠러지에 혼자 서 있을 때의 절박한 이미지를 떠올리면서. 원치 않는데 혼자가 되는 고통이 치과에 가는 고통과 같진 않겠지만, 치과는 상상이 감정에 어떤 영향을 미치는지 알려주는 곳이다. 치과에 가면 '무섭고 아프다'라는 고정된 프레임이 있다. 의사를 만나기도 전에 치료 의자에 눕는다. 볼 수 있는 것이라고는 진료실 천장뿐이다. 벌떡 일어나고 싶은 욕구를 부르는 드릴과 석션 소리가 진료실 전체에 울린다. 입안을 헤집는 굉음 소리에 집중하면서 나도 모르게 인상을 잔뜩 쓴다. 그러면 의사가 묻는다. "많이 아프세요?" 나는 "아니요"라고 대답한다. 실제로 못 견딜 정도로 아프지 않은데 상상으로 고통이 과장된다.

수명이 길어지면서 생애 주기도 바뀌었다. 온전히 자신에게 집중하는 청년기, 결혼한 사람은 가사 노동과 양육으로 바쁘고, 비혼인 사람은 일과 여가에 매진하느라 바쁜 중년기, 양육을 끝내거나 퇴직하면 다시 자신을 탐구하는 중장년기. 1인분의 몫을 오랫동안 산 사람은 그동안 일에 매진했고, 자신의 한계도 알고 직업 이외의 다른 가능성을 엿볼 시간이 상대적으로 많다. 내가 좋아하는 것과 잘하는 것이 무엇인지 '나 탐구' 시간을 갖고 나 전문가가 되어간다.

공공기관에서 글쓰기 강의를 하다 보면 퇴직하신 분, 퇴직을 앞둔 분, 양육이 끝난 분들을 만난다. 지금까지 살아온 삶과는 다른 삶을 모색하는 분들이다. 20, 30년 동안 일과 가정에만 시간을 쏟았다면 이제 그림, 글쓰기, 노래, 트레킹, 여행, 춤 등을 배우며 전시회도 하고 발표회도 한다. 자신이 무엇을 좋아하는지 열심히 탐색하며 자신을 위한 달콤한 시간을 맛본다. 이분들에게서 외롭고 우울한 그림자는 찾아볼 수 없다.

'그럼에도 불구하고 삶은 계속 된다'는 말을 좋아한다. 과거에 보낸 시간의 질이 어떻든 시간은 계속 흐른다. 홀로서기를 할 때 두려움의 포로가 될지, 가슴을 활짝 펴고 두 팔 벌려 자유를 품에 안을지 고민해볼 문제다. 환영하기로 마음먹으면 다른 세계가 기다린다. 정말로.

외로움에 휘둘리고 싶지 않다면

▶ **그녀**

원제: Her
감독: 스파이크 존즈
출연: 호아킨 피닉스, 스칼릿 조핸슨(목소리) 외
개요: 드라마, 미국, 2014

"좋아하는 음악, 영화, 음식이 나랑 똑같아. 취향이 이렇게 똑같다니 우린 만날 운명인가 봐."

평생을 함께 보내고 싶은 사람을 만났다며 A가 흥분해서 말했다. 좋아하는 음악, 영화, 책 등에 대해 이야기를 나누고, 하루 일정을 세세하게 알고 있는 연인은 구원자가 될 수 있을지 궁금하다.

밀란 쿤데라는 소설 《참을 수 없는 존재의 가벼움》에

서 '사랑은 단 하나의 은유에서도 생겨날 수 있다'[*]라고 했다. 다시 말해 사랑에 빠질 준비가 된 사람은 상대가 무심코 내보내는 신호에서 사랑을 읽는 재능이 있다. 상대에게 마음을 빼앗기는 순간, 내 마음의 주인은 상대가 된다. 취향이 같으면 단시간에 내적 친밀감이 생긴다. 처음 만난 날, 구스 반 산트 감독이 만든, 커트 코베인이 세상을 떠나기 전 마지막 3일을 다룬 영화 〈라스트 데이즈〉가 좋은 이유를 공유할 수 있다면 호감이 급상승한다. 나의 반쪽까지는 아니어도 4분의 1쪽쯤 만난 기분이 든다. '그동안 어디 숨어 있었나요?'라고 하이 파이브를 하고 싶어진다.

하지만 기억할 것이 있다. 일상은 책, 음악, 영화 등으로 이루어지지 않았다. 일상은 자잘한 습관의 무한 반복이다. 아침에 커피 한 잔이면 충분한지 밥을 꼭 챙겨 먹어야 하는지, 샤워는 저녁에 하는지 아침에 하는지, 빨랫감이 있으면 바로 세탁기를 돌리는지 어느 정도 모이면 돌리는지 등의 사소한 습관이 한 사람을 이룬다. 웬만큼 가까워지지 않으면 대화 주제로 선택하지 않는 하찮은 것들의 반복이야말로 일상이다.

● 밀란 쿤데라 지음, 이재룡 옮김, 《참을 수 없는 존재의 가벼움》, 민음사, 2009, 20쪽.

연인은 주목할 것이 하나도 없는 일상에서 눈을 번쩍 뜨게 만드는 사람이다. 처음에는 말이다. 돼지고기는 입에도 대지 않는 사람을 만나 사랑에 빠지면 삼겹살 대신 칼국수를 먹는 데이트마저도 신선할 것이다. 상대가 고기를 안 먹게 된 이유에 수긍하지 않더라도 이해하는 척할 것이다. 눈을 동그랗게 뜨면서.

어떤 이야기를 하고 싶은지, 어떤 음악을 듣고 싶은지, 심지어 메일함에 들어 있는 내용까지 공유하는 연인이 있다면? 외롭고 부족했던 내 존재가 완성되는 기분일 것이다. 미국 아카데미상 각본상을 받고, 스칼릿 조핸슨이 AI 운영체제 목소리를 연기했던 〈그녀〉. AI 운영체제 사만다는 만질 수 있는 실체가 없고 목소리로 소통한다. 대화만으로도 완벽한 관계가 될 수 있는 것처럼 보인다. 사용자의 취향을 세세하게 분석해서 마음의 결까지도 잘 파악한다. 내 취향을 완벽히 아는 사람과 사랑에 빠지면 외로움과 영원히 작별할 수 있을까?

사무실에서 타인의 필요에 기꺼이 맞추며 하루를 보낸 후 퇴근해서 돌아오면 불 꺼진 빈집이 맞이한다. 불을 켜면 아침에 어질러놓은 잔해들이 춤을 춘다. 적막한 공간에 내가 움직이는 소리가 울린다. 괜히 냉장고도 열어보고, 넷플릭스도 뒤적거려보지만 집중하지 못한다. 헛헛함이 가장 힘을 얻는 시간이다. 맥주 한잔이 딱 그리운 시간, 외로움이 맹활약하는 타이밍이다. 정서적으로 의지할 만한 사람을 만나면 삶이 완성될 것처럼 보인다.

테오도르와 사만다의 '사랑' 내지 교감은 취향 알고리즘에 기반해서 편할 때 접속만 하면 된다. 사만다는 테오도르의 기분에 따라 음악도 골라주고, 내밀한 이야기를 주고받는 것은 물론 성적 교감마저도 할 수 있다. 테오도르는 피가 흐르고 만질 수 있는 살갗을 가진 사람보다 사만다와 더 교감한다. 이보다 완벽한 사랑은 없어 보인다. 싸울 일도 없으니까.

하지만 테오도르의 전처 생각은 다르다. "실제 사람을 대할 자신이 없으니까 운영체제나 만나고 있는 거야." 어쩌면 그녀의 말이 맞을지도 모르겠다. 대화가 관계를 완성하는 전부라면 우리가 일부러 시간 내서 사람을 만날 필요가 없을 것이다. 실제 사람과 만나면 대화 이외의 비언어적 탐색이 이루어진다. 이를테면 밥을 먹으러 가면 메뉴를 고르는 '진짜' 일상이 펼쳐진다. 이 상황에서 서로의 습관이 충돌하고 대화는 여러 가지 요소들로 짜인다. 그날의 감정과 기분이 대립각을 세울 때도 있고, 의식하지 못했던 다른 생각의 골짜기도 만나서 비틀거린다. 그러면서 자기 경계를 조금씩 허물거나 상대방에게서 뒷걸음친다. 연인은 나와 100퍼센트 일치하는 사람이 아니다. 나와 다른 점을 발견했을 때부터 비로소 관계가 시작된다. 사만다가 말하듯이.

"난 당신의 것이지만 당신만의 것은 아니죠. 나의 DNA는 나를 만든 수백만 명의 프로그래머의 개성을 기반으로 하죠. 하지만 나를 나로 만드는 능력은 내 경험을 통해 성장하는 능력이에요. 기본적으로 모든 순간에 나는 당신처럼 진화하고 있어요."

사만다와 테오도르 이야기는 먼 미래가 아니다. 챗GPT 같은 대화형 AI는 이미 우리 곁에 있다. SF 영화나 소설에서처럼 곧 사람과 구별할 수 없을 정도로 진화된 AI 로봇이 친구나 데이트 상대로 등장할 것이다. 내 모든 취향을 아는 로봇은 사람보다 더 편할지 모른다. 나의 취향 알고리즘을 분석해서 대화할 테니까. 사만다가 말했듯이 AI 로봇은 경험을 통해 성장하고, 이는 한 사람만 바라보지 않는다는 뜻이기도 하다. 사만다는 테오도르와 이야기하면서 동시에 전 세계의 수많은 접속자와 대화를 나누는 능력자(!)다. 성장한 사만다는 어느 날 테오도르를 떠난다. 가상 세계에서 가장 큰 재앙은 로그아웃이다. 우주만큼 드넓은 가상 세계에서 테오도르는 사만다를 찾아가서 매달릴 수도 없고, 불러낼 방법도 모른다. 그는 전보다 더 큰 무력감에 빠진다.

1인분의 삶에서 생계 해결만큼 정서적 돌봄도 중요하다. 경제 활동이 영혼에 끼치는 부작용은 모두 인정한다. 경제 활동에 쏟은 노력은 공개적으로 응원도 받고 보상도 받는다. 반면, 감정을 이해하고 보살피는 기술은 상대적으로 소홀히 다루어지고 개인의 몫으로 남겨진다. 혼자 살 때 진짜 위기는 감정을 잘 몰라서 돌보지 못할 때 겪는데도 말이다.

심리학에서는 외로움과 지친 감정을 구별하라고 조언한다. 지치면 외로움이 쓰나미처럼 몰려온다. 심신의 에너지가 방전되어 배터리가 꺼지기 바로 직전에 집에 돌아온다. 서 있기도 힘든 하루를 보낸 후인데 현관문을 열었더니 어둠과 냉기가 달려와서 인사하면 즐거울 사람은 없다. 지쳐서 외로우면 잘 쉬면 된다. 잘 쉬어서 체력이 빵빵해지면 햇볕에 눈이 사르르 녹듯이 외로움도 녹을 테니까. 하지만 우리는 외로움과 지친 상태를 자주 혼동한다.

감정이 어디서 비롯되었는지 모르면 객관화할 수 없다. 이내 관계에 집중하다가 실수를 저지르고 종종 낙담한다. 테오도르는 이혼 전에 행복했던 과거의 파편 속에 혼자 웅크리고 앉아 있다. 테오도르는 바닥에 드러누운 감정을 어떻게 대해야 할지 모른다. 모범 답안도 없다. 다만, 낙담과 무기력 상태를 인정하고 감정의 깊은 바닥까지 들여다보는 시간이 필요하다. 슬픔과 기쁨은 같이 붙어 다니는 짝꿍이니까.

사만다가 결혼이 어떤 건지 묻자 테오도르는 "삶을 누군가와 공유하는 기분 좋은 어떤 것"이라고 대답한다. 그러면서 삶을 공유하는 것은 서로에게 영향을 주고받는 것이고, 서로 분리되고 약간은 두려운 감정도 동반된다고 말한다. 테오도르의 말처럼 외로움과 진짜 작별 인사를 건넬 수 있을 때는 타인과 완벽한 정서적 일치를 꿈꿀 때가 아니다. 몸도 마음도 에너지가 가득해서 독립적일 때라야 우리는 비로소 외로움과 온전히 헤어질 수 있다.

사랑을 찾기 전에 알아야 할 것

▶ **사랑할 땐 누구나 최악이 된다**

원제: Verdens Verste Menneske
감독: 요아킴 트리에
출연: 레나테 레인스베, 앤더스 다니엘슨 리, 허버트 노르드룸 외
개요: 멜로, 노르웨이, 2021

　　　　　　　심리학에서 기쁨은 내 삶에 대한 믿음과 태도에서 생기는 감정이라고 한다. 다시 말해 나를 기쁘고 행복하게 하는 사람은 바로 자기 자신이다. 분노나 화 같은 감정과 마찬가지로 기쁨은 외부 사건에 의한 것이 아니라 자신의 내부에서 비롯된다.

　'사랑하면 상대에게서 기쁨을 얻을 거야'라는 믿음이 있다면 〈사랑할 땐 누구나 최악이 된다〉를 참고할 수 있다. 우리에게는 조금 낯선 노르웨이 영화로 칸 영화제에서

여우주연상을 받았다. 상대에 대한 사랑은 사실 자신의 결핍에서 시작한다. 결핍은 소중하다. 사랑의 출발점이자 더 나은 내가 될 수 있도록 부추기니까.

주인공 율리에는 열심히 공부해서 의대에 진학했다. 전공이 적성에 맞는지, 자신이 의사가 되고 싶은지 질문하지는 않았다. 그러면 그녀는 왜 의대에 갔나? 부모와 다른 사람의 인정이 있으면 행복할 거라고 믿었기 때문이다. 하지만 의대 수업에 흥미를 갖지 못하고 심리학으로 전공을 바꾼다. 율리에는 곧 관념적 심리학이 자신에게 안 맞는 것을 깨닫는다. 눈에 보이지 않는 정신과 마음을 다루는 학문을 끝내 사랑하지 못한다. 이번에는 눈에 보이는 것에 끌려 서점에서 일하며 사진을 공부한다.

율리에가 원하는 것을 찾아서 갈팡질팡하는 모습은 낯설지 않다. 나도 율리에 같았고, 지금도 어떤 면에서 헤매고 있으니까. 20대가 지나면 내가 원하는 것이 명징해지고 갈팡질팡도 끝날까? 천만에. 중년이 되어보니 20대 시절과 다름없이 헤매기 일쑤다. 다만 20대 때만큼 불안하지는 않다. 헤매는 것이 인생이라고 생각하게 되었다.

우리는 마음의 소리를 따르는 사람에게 찬사를 보낸다. 율리에는 마음이 끌리는 것으로 폴짝 건너가지만, 곧 원하는 게 아니라는 것을 깨닫는다. 율리에가 보여주었듯이 마음의 소리만큼 변덕스러운 것도 없다. 진로와 직업 적성을 몰라 헤맬 때는 내 인생만 불안정하다. 관계에서 헤맬 때는 다르다.

　내 결핍을 채워줄 것처럼 보이는 상대를 만날 때가 있다. 그러면 우리 심장에 바로 큐피드의 화살이 꽂힌다. 처음에 연인은 기쁨의 원천 그 자체다. 하지만 아무리 강렬한 기쁨이라도 차츰 익숙해진다. 연인이 주는 기쁨의 크기가 차차 줄어들고, 기쁨의 파이를 스스로 채워야 할 때가 온다. 하지만 율리에는 전혀 다른 성향의 두 남자와 차례로 사랑에 빠지면서 기쁨의 파이를 채우려고 한다.

　먼저 10살 연상의 만화가 악셀과 사랑에 빠진다. 악셀의 이성적이고 지적인 모습에 반했지만, 점점 이성적 대화에 지친다. 율리에는 감정조차 설명해야 하는 상황이 힘들다. 율리에가 처음에 느꼈던 충족감은 바람 빠진 공처럼 쭈글쭈글해진다. 서른 살 율리에는 어디로 튈지 모르는, 바람이 빵빵하게 든 공이다.

　어느 날 초대받지 않은 파티에 갔다가 율리에는 악셀과 정반대인 에이빈드를 만난다. 서로 동거하는 연인이 있기에 바람은 피우지 않는다는 전제로, 그러나 감정적으로는 1,000퍼센트 공감하는 성적 유희를 즐긴다. 남녀가 성적으로 끌리는 데는 사실 이유가 없다. 끌리면 그만이다. 율리에와 에이빈드는 호르몬 케미를 억누를수록 폭발한다. 결국 서로의 연인과 헤어지고 둘은 함께 산다. 그러니까 환승 연애가 되겠다. 애석하게도 호르몬 케미만큼 사라지기 쉬운 것도 없다. 소울 메이트를 만난 것 같은 환희의 시간은 곧 끝나고, 율리에는 오히려 지적인 대화를 그리워한다. 율리에는 에이빈드를 공격한다. "너는 평생 커피나 나르겠지만, 나는 그 이상이 필요해." 영화의 영어 제목인 '세상에서 제일 나쁜 사람The Worst Person In The World'이라는 말이 어울리는 율리에.

율리에는 원했던 것을 손에 넣으면 권태의 포로가 된다. 전공도 그랬고 사랑도 그랬다. 율리에는 악셀도 에이빈드도 둘 다 사랑하지만 동시에 사랑하지 않는다. 사랑하지만 사랑하지 않는다는 모순된 말 사이를, 율리에는 오간다. 율리에는 감정에 충실하고 충동적이다. 다시 말해 마음의 소리를 따르는 사람이다. 율리에는 정체성을 찾아가는 용기 있는 사람인가? 아니면 배려 없는 이기적인 사람인가? 영화 제목처럼 나쁜 사람인가?

자신의 감정에 충실한 사람을 나쁘다고 할 순 없다. 하지만 다른 사람을 대하는 기준이 자신의 감정인 사람이라면 말이 달라진다. 자기 기분이 허락할 때만 상대에게 선택적 배려를 하면 상대는 상처받는다. 율리에는 내면의 결핍을 이성에게서 채우려고 했다. 자신의 결핍이 무엇인지 정확히 모른 채 끌림에 집중했지만, 내면의 결핍을 채울 순 없었다. 결핍은 타인이 채워주는 것이 아니라 내가 채우는 것이니까. 율리에는 전공을 바꾸고 연인을 바꾸면서 이 사실을 체득한다.

알랭 드 보통은 에세이 같은 소설 《왜 나는 너를 사랑하는가》에서 성숙한 사랑은 절제로 가득하고 이상화에 저항하며 성적 차원을 갖춘 우정의 한 형태라고 말한다. 이럴 때 사랑은 유쾌하고 평화롭고 상호적일 수 있다. 반면, 미성숙한 사랑은 이상화와 실망 사이의 혼란스러운 비틀거림이라고 한다. 마침내 답을 찾는 것은 '이보다 더 헤맬 적 없다는 느낌과 공존'*한다고 말한다. 율리에의 비틀거림은, 그러니까 쓸모 있다.

항상 행복한 사람은 없다. 행복의 전제 조건이 두 사람도 아니다. 행복이 언제나 웃으며 산다는 뜻도 아니다.

• 알랭 드 보통 지음, 정영목 옮김, 《왜 나는 너를 사랑하는가》, 청미래, 2019, 216쪽.

계획은 종종 틀어지고, 다른 사람에게 시비 걸고 싶은 날도, 쓸데없이 날을 세우는 날도, 울적한 날도 있기 마련이다. 둘일 때도 마찬가지다. 울적한 날 친구를 만나도 별로 도움이 안 될 때가 있다. 미묘한 감정을 말했더니 오랜 친구라며 원치 않는 조언을 들을 바엔 차라리 혼자 산책이나 하는 게 낫다. 혹은 밀린 청소를 하거나 세탁기를 돌리며 몸을 움직이는 게 더 나을 수 있다. 마음에 모래바람이 부는 날에도 내 일상을 단단하게 고정할 수 있을 때 비로소 행복이 곁에 찾아온다. 내 마음대로 인생이 굴러가지 않아서 소리 지르고 싶을 때도 가치 있는 일을 하나씩 해나가는 것이다.

'가치 있는 일'이란 버킷 리스트에 있는 일을 하나씩 해보며 직접 움직이는 것이라고 말하고 싶다. 나중으로 미뤄두었던 짧은 여행을 하거나 책 읽기, 외국어, 그림, 사진 등 새로운 것 배우기, 좋아하지 않는 일은 안 하기, 싫은 환경에서 버티는 것을 그만두기 등 자신에게 가까워지는 사소한 일을 하나씩 해보는 것이다. 혼자 있을 때 우리는 누구나 약간씩 미친 사람이 되어도 옳다. 하루를 온전히 혼자 보내면서 내 안의 말도 안 되는 생각을 마음껏 떠돌게 두고, 내친김에 실행도 해보면서 자신에게 조금 더 가까이 갈 수 있다. 우리는 타인에게 가까워지려는 노력은 열심히

하지만, 나와 가까워지려는 노력은 잘 안 한다.

율리에는 전혀 다른 성향의 두 남자와 사랑에 빠진 후에 두 사람 모두와 헤어진다. 연인에게서 행복을 찾는 대신 자신이 원하는 것을 찾기로 한다. 자신의 관심사를 살려 사진기자로 일하기 시작한다. 이제 율리에는 누구를 만나도 행복해질 준비를 하는 셈이다.

율리에처럼 내 행복을 타인에게 모두 베팅하기 전에 먼저 '나 전문가'로 살아볼 필요가 있다. 나를 우선순위에 두고 나를 배려하는 일상에 닻을 내릴 때 사랑은 반짝거릴 것이다.

결혼이란 옷이 내겐 안 맞을 때

▶ 매기스 플랜

원제: Maggi's Plan
감독: 레베카 밀러
출연: 그레타 거윅, 에단 호크, 줄리안 무어 외
개요: 로맨스, 미국, 2017

'단란한 가족'을 떠올려보자. 남편이 식탁을 차리고, 아내가 소파에 누워 있는 그림은 잘 떠오르지 않는다. 살림 잘하는 아내라는 찬사에는 석연치 않은 구석이 있다. 남편은 주말 하루 점심 한 끼만 차려내도 가정적인 사람으로 등극하는데 일주일 내내 밥 차리는 아내의 더 큰 노고는 소리 없이 묻힌다. 2023년 기준으로 출산율이 세계 최저이고, 결혼은 물론 연애마저도 삶의 선택지에서 밀리는 것은 전통적인 4인 식탁 그림 탓이 아닐까?

그레타 거윅, 줄리안 무어와 에단 호크 등 개성 있는 배우들의 연기를 볼 수 있는 〈매기스 플랜〉. 이들은 전통적인 4인 식탁의 환상을 유쾌하게 부순다.

"내 아내 조젯이 컬럼비아 대학에서 종신 교수직을 제안받아서 내가 일을 찾는 것을 미루고, 강의 몇 개만 하면서 몇 년 동안 내 머릿속에서만 간직했던 소설을 써보기로 결정했죠."

"모든 관계는 정원사와 장미를 가지고 있어요. 조젯은 당연히 장미죠."

"그럼 당신은 정원사군요."

"그런데 나는 화초 기르는 데는 똥손이에요."

매기와 존이 나눈 대화다. 결혼 제도 안에서 아이를 키우는 친구들이 진심을 담아 말한다. "결혼이 나랑은 안 맞는 거 같아." 결혼 제도는 아이를 낳고 키우는 데 필요한 제도이지 개인의 행복을 거스르는 제도라고. 양육이 끝나면 다시 부부에게 집중할 수 있는 시간이 기다린다. 하지만 그 시간은 결혼 후 20년이 넘어야 찾아온다. 양육에 대한 사회적 인식은 서서히 바뀌고 있다. 양육은 여성만의 몫이 아니라 부부의 공동 책임이다. 그렇더라도 두 사람이 양육의 책임을 두고 대등하기 어렵다.

"그녀(아내)는 멋져요. 내 인생을 파괴하고 있죠."

조젯과 존의 관계를 보면 가정에서 전통적인 성 역할이 바뀌었어도 돌봄 노동을 주로 하는 한 사람의 희생이 필연처럼 보인다.

여성의 사회적 지위가 과거와 달라졌다고 하지만, 한국 결혼 제도에서 성 역할은 여전히 보수적이다. 일단 두 사람이 혼인 서약으로 묶이고 아이가 태어나면 한 사람이 주 양육자가 된다. 대개의 경우 주 양육자는 여성의 몫으로 남겨진다. 오후에 친구를 만난 적이 있다. 오랜만이라 밀린 수다를 떨다 보니 저녁이 됐다. 저녁 먹고 가자는 나의 제안에 친구가 아쉬워하며 대답했다.

"아이 혼자 저녁 먹게 하는 게 내키지 않아. 내 일을 안 하는 거 같거든. 무슨 대단한 일을 하는 것도 아니면서 배달 음식 시켜주는 게 안 내켜. 점심은 언제든 좋으니까 나중에 연락해."

이 친구가 특별해서 저녁밥을 하러 신데렐라처럼 사라지는 것은 아닐 테다. 중학생 정도면 어쩌다 한 번쯤 배달 음식을 시켜주고, 엄마도 자유 시간을 누리는 것이 좋지 않을까. 아이를 키워보지 않은 사람이 하는 철없는 생각일지 모르겠지만 말이다. 친구의 속마음도 이런 내 생각과 다르지 않을지 모른다. 하지만 '엄마 역할'에 대한 책임감이 친구를 붙잡는다.

한 지인이 말했다. "직장에서 퇴근 후 집으로 다시 출근하는 거 같아요. 이미 지친 상태로 들어가서 아이들에게 힘든 모습을 보여주고 자꾸 짜증을 내니까 죄책감으로 괴로워요."

존은 자신을 '화초 기르는 데는 똥손'이라고 말하지만 죄책감을 느끼지 않는다. 여성은 다르다. 가정에서 내조하는 조력자, 주 양육자의 의무를 스스로에게 지운다. 청소, 요리 등 가사 노동을 병행하지 못하는 것에 열등감을 느낀다. 밖에서 일한다면 가사와 돌봄 노동을 동시에 하기 버거움에도 불구하고.

전통적 부부 관계에서 아내는 남편의 직업적 커리어를 위한 조력자로 그려진다. 그 반대는 어떨까? 조젯과 존의 관계처럼 아내가 커리어를 쌓는 데 남편은 조력자일까 아니면 방해자일까?

매기, 조젯, 존은 모두 교수로 사회적 지위는 대등한 축에 속한다. 물론 가까이 들여다보면 같은 교수라고 해도 여느 다른 직장처럼 잘나가는 교수도 있고, 존처럼 강의

몇 개만 맡아서 하는 교수도 있지만 말이다. 직장 내 위계는 어느 조직이든 있다. 어쨌든 세 사람은 상하 관계가 아니라 비교적 수평적 관계다.

매기는 정자를 기증받아서 혼자 아이를 낳아 기를 계획을 세운다. 매기가 본 싱글 맘 모델은 바로 자신의 엄마다. 매기의 부모님은 이혼 후 어느 날 파티에서 만나 하룻밤을 같이 보냈다. 그날 매기가 생겼다. 열여섯 살에 엄마가 돌아가시기 전까지 매기는 아빠가 부재한 어린 시절을 보냈지만, 불행한 기억 대신 엄마와 교감한 기억이 더 크다. 자기가 어릴 적 그랬던 것처럼 혼자 아이를 키우며 아이와 교감할 수 있다고 믿는다.

하지만 매기는 교정에서 유부남 존을 우연히 만나 사랑에 빠지고 결혼한다. 존은 자신의 욕망을 고백한다. 더이상 아내의 정원사가 되고 싶지 않고 소설을 쓰고 싶다고. 매기는 존이 소설을 완성할 수 있도록 '정원사'를 자처한다. 매기는 기증받은 정자로 아기를 낳고, 일하면서 아기를 돌보는 일은 매기의 차지가 된다. 설상가상으로 존이 전처인 조젯과 낳은 아이들 돌봄조차 매기 차지가 된다. 조젯이 바빠서 존에게 아이들을 맡기면 존이 그 아이들을 매기에게 맡기는 환장할 상황이 벌어진다. 매기는 졸지에 아이 셋을 혼자 돌본다. 일은커녕 육아에 허덕인다. 친구에게 자기 처지에 대한 불평을 쏟아놓자 친구가 말한다.

"너는 왜 다른 사람들처럼 그 불행한 결혼에서 나오질 못하는 거야?"

친구의 말에 매기는 정신이 번쩍 든다. 매기가 원하는 것은 존의 전처 아이들까지 돌보며 의무와 책임으로 똘똘 뭉친 정원사가 아니었다. 매기는 수렁에 빠지고 나서야 깨닫는다. 자신이 존의 인생을 다듬어서 장미로 만드는 일은 불가능하다는 것을.

인식은 변화를 이끄는 힘이다. 자칫 막장 드라마식 비극이 될 뻔한 드라마를 유쾌한 코미디로 바꾸는 것은 매기의 행동력이다. 매기는 존과 3년을 산 후에 '헤어질 결심'을 한다. 매기는 경제적으로나 정신적으로 완전한 독립체다. 배우자의 조력이나 돌봄 없이도 혼자 삶을 잘 꾸릴 수 있다. 원래 계획했던 것처럼. 이혼을 한다고 해서 세상이 끝나지도 관계가 단절되지도 않는다. 존과 조젯이 보여주듯이 이혼해도 존은 아이들의 아빠이고 조젯은 엄마다.

전통적 결혼관에서 보면 조젯의 심정은 어떨까? 남편이 어린 여자와 바람나서 집을 나간 셈이다. 조젯의 삶은 무너졌을까? 천만의 말씀이다. 조젯이 이혼 후 달라진 것은 딱 한 가지 밖에 없다. 잡다한 일을 시킬 정원사, 즉 남편이 없어진 것뿐이다. 존은 여전히 아이들 아빠다. 조젯이 바쁠 때는 존이, 더 정확히는 존의 착한 새 아내 매기가 아이들을 더 잘 돌본다. 조젯은 '똥손 정원사' 남편이 없어도 여전히 '장미'이고, 덤으로 매기라는 훌륭한 새 정원사까지 얻은 셈이다. 존은 매기를 딛고 신분 상승(?)을 꿈꾸었지만, 그의 깜냥은 장미도 아니고 정원사도 아니다.

헤어진 후 매기는 존에게 미움이나 원한을 갖지 않는다. 그저 '한때' 남편으로 대한다. 조젯은 존을 다시 남편으로 받아들인다. 똥손일지라도 정원사가 있는 게 낫다고 판단했기 때문이다. 게다가 성적 욕구를 채울 수 있는 대상이 다시 생기는 셈이다. 한국 정서로는 '이게 말이 되나' 싶어 당황스럽다.

매기와 조젯이 보여준 배우자관은 전복적이다. 두 사람은 결혼을 인생의 전부가 아닌 일부로 여긴다. 배우자와 가족이 한 사람의 인생을 이루는 요소의 전부가 아니라는 것을, 우리는 머리로는 알아도 실제로는 전부인 것처럼 굴곤 한다. 일, 친구, 동료, 돈, 건강, 꿈, 취미 등 인생의 요소에서 매기와 조젯은 배우자라는 하나의 영역에서 불량 요소를 만나지만, 인생 자체가 불량이 아니라고 말한다. 오히려 불량 요소를 제거해서 상큼한 해결책까지 제시한다. 존을 빼고 매기와 조젯은 일하면서 아이를 키우는 여성으로서 서로 교감하고 도움을 주고받는다. 이 연대는 존의 도움보다 훨씬 유익하다.

　서양 속담에 '달걀을 한 바구니에 담지 마라'는 말이 있다. 달걀을 한 바구니에 넣으면 달걀끼리 부딪쳐서 깨질 위험이 있다. 주로 투자할 때 한곳에 집중하지 말고 위험을 분산하라는 조언이다. 인생에서도 마찬가지다. 부부 관계에만 초점이 맞춰지면 관계의 긴장도도 높아지고 깨지기 쉽다. 마음을 나누고 연대할 수 있는 가족 밖 관계를 가꾸는 것도 소중하다. 매기와 조젯이 어색한 상황에서 만났지만 서로 연대해서 서로의 가치를 더 상승시켰듯이.

가족만이 행복의 원천이라고
믿는다면

▶ **스펜서**

　원제: Spencer
　감독: 파블로 라인
　출연: 크리스틴 스튜어트, 잭 파딩, 샐리 호킨스 외
　개요: 드라마, 영국·미국, 2022

　　　　　　안면만 있는 지인을 우연한
장소에서 만나 잠시 대화를 나눈 적이 있다. 그녀의 머릿
속은 결혼한 지 한 달 된 아들 부부로 가득 차 있었다.

　"아들 부부가 신혼여행에서 돌아온 후에 만나고, 어제
한 달 만에 다시 만나서 저녁 먹었어요. 전화도 안 해요. 며
느리도 이제 식구가 됐으니까 빨리 친해지고 싶은데 어떻
게 해야 할지 고민이에요. 둘이 여행 가자고 할까, 생각 중
이에요."

그녀는 며느리와 이상적 관계에 대한 시나리오를 쓰고 연출자가 되어 있었다. 자신은 쿨한 시어머니, 며느리는 친밀한 딸이라고 배역을 정해놓았다. 역할극을 얼른 완성하지 못해 조바심 내는 모습에 나는 깜짝 놀랐다.

"며느리는 남이지 가족이 아니에요. 요즘 MZ세대들이 말하는 '3요' 모르세요? 직장에서 상사가 일 시키면, '이걸요? 제가요? 왜요?'라고 말한대요. 결혼한 지 한 달밖에 안 됐는데 시어머니가 둘이 여행 가자고 한다면 며느리 입장에선 '여행을요? 제가요? 왜요?'라는 생각이 들걸요."

지인의 동공이 흔들렸다. 내 말에 뒤통수를 얻어맞은 것 같다고 했다.

굳이 말하기도 입 아플 정도로 알려졌듯이 한국 사회에서 결혼은 개인과 개인의 결합이 아니다. 결혼식 전부터 어색한 확대 가족이 더불어 생긴다. 요즘은 과거와 달리 확대 가족은 축소되고 부부 중심으로 무게가 옮겨가고 있지만, 그래도 확대 가족 문화는 살아 있다. 지인의 사례가 보여주듯이 우리나라 사람들은 '내 울타리'에 대한 애착이 유별나다. 말도 많고 탈도 많은 고부 관계가 정말로 모녀 관계처럼 될 수 있을까?

모녀 사이에는 몇 십 년 동안 켜켜이 쌓인 애증의 시간이 있다. 그 시간 속에는 엄마와 딸일지라도 서로 달라서 이해 못하고 마음도 상하고, 울고불고하던 시간도 들어 있다. 고부 사이는 쌓인 시간이 0에서 출발하는 새로운 관계다. 당연히 첫째도 시간, 둘째도 시간, 셋째도 시간이 필요하다. 며느리와 시어머니는 각각 기대하는 역할도 다르다. 가족이 되는 것을 공개 선언하는 결혼식 후에 보통 가족의 관습, 정확히는 '시월드'의 관습에 며느리가 맞추는 것을 기대한다. 우리는 이것을 가부장제라고 부른다. 피를 나눈 원가족도 개성이 다르고 습관도 달라서 서로 얼굴을 붉힐 때가 많다. 타인이던 사람들이 법적 제도로 묶여 어느 날부터 가족이라며 고유한 개성과 습관을 버릴 것을 강요당한다. 결혼 전에 입고 있던 고유한 직물로 만든 외투를 벗더라도 유대감과 소속감이 갑자기 찾아올 리 없다.

시카고 영화 비평가 협회상 여우주연상과 의상상을 받은 〈스펜서〉는 시월드의 호된 갑질을 겪는 며느리 이야기다. 이제는 고인이 된 다이애나 스펜서는 영국 엘리자베스 여왕의 며느리였다. 다시 말해 세계 '공식 며느리'였다. 일반인 다이애나는 이제는 왕이 된 찰스와 사랑에 빠져 결혼했다. 두 사람이 처음 만났을 때부터 결혼과 이혼까지, 그 과정 모두 세상에 중계됐다. 두 사람의 러브 스토리는 재투성이 신데렐라가 왕자를 만나 신분이 상승하는 이야기의 현실 버전처럼 보였다. 처음에는.

일반인과 왕자의 결혼은 '세기의 사랑과 결혼'으로 일컬어졌다. 왕세자비가 된 다이애나의 일거수일투족은 매일 언론에 보도됐다. 다이애나가 입은 옷과 구두, 가방 정보뿐 아니라 어디서 무엇을 했는지까지 모두 중계됐다.

다이애나는 전 세계 사람들이 다 아는 명문 시월드가 배경이어서 든든했을까? 왕실 가족이 되면 보통 사람들과 다른 삶을 살리라는 건 짐작하지만 구체적으로 어떻게 다른지, 우리는 잘 모른다. 수행원들이 따라다니는 궁전에서 잠들고 깨어나는 기분이 어떤지 모른다. '쉽진 않겠지만, 그래도 시월드가 세계적으로 유명한 가문이잖아.' 이런 생각도 한편에 있을 것이다.

〈스펜서〉에서 묘사된 확대 가족이 주는 무게는 한 사람의 인생을 망칠 정도의 위력이 있다. 가령, 크리스마스 휴가 2박 3일 동안 성에서 가족끼리 보내는 것은 왕실의 전통 중 하나다. 왕실의 공식 일정은 휴지기이지만 전통은 휴식이 없다. 가족끼리 보내는 크리스마스 휴가 풍경도 휴식과는 거리가 멀다. 이 휴가의 시작과 끝, 즉 성에 들어갈 때와 떠날 때 몸무게를 재는데 이는 왕실의 오랜 전통이다. 이유인즉, 휴가가 끝났을 때 체중이 얼마나 늘었는지가 행복한 휴가의 척도라고 한다. 살이 찌면 성공적인 휴가라니. 다이애나는 이런 기이한 발상을 한 사람의 목을 조르고 싶었을지도 모른다.

다이애나에게 시월드는 세상에서 가장 호사스러운 감옥과 비슷했다. 겉으로는 우아함과 고상함의 끝판왕이지만 규율과 규칙의 노예로 살아야 했기 때문이다. 개인 시간에도 결혼 전 즐겨 입던 청바지를 입을 수도 없고, 수행원들이 곁에서 사사건건 이래라저래라 지시한다. 휴가 동안 오히려 가족 안에 더 갇히게 된다. 영국 왕실은 먼지가 덕지덕지 쌓여 퀴퀴한 냄새가 나는 전통과 예절을 고집하면서 다이애나의 행동을 세세하게 통제한다. 심지어 대화 상대조차도 왕실 수행원들이 선별한다.

다이애나는 의무만 브리핑하는 사람들에게 둘러싸여 고립됐다. 자해로 이어질 정도의 고립이었다. 게다가 속을 터놓을 친구도 없다. 어처구니없는 왕실 전통 욕도 하고, 바람피우는 남편 욕도 하고, 여왕 이전에 시어머니인 엘리자베스 욕을 쏟아내면 기꺼이 맞장구쳐줄 사람 말이다. 일상에서 다른 사람에 대한 뒷담화든, 마음에 안 드는 상황에 대한 푸념이든 시시콜콜한 이야기를 마음 편하게 할 수 있는 대상은 배우자나 연인이 아닐 때가 많다.

"남편들이랑 무슨 대화를 해요? 그네들은 렌즈가 하나 빠졌어. 세상을 우리처럼 못 봐요. 나를 해칠까 불안하

지 않은 상대와 하는 안전한 섹스, 점점 좋아지는 섹스 정
도가 얻을 수 있는 것입니다."•

　　정세랑 작가의 소설《시선으로부터,》에서 세 번 결혼
했으며, 시대보다 앞선 정신으로 살다 간 심시선 여사의
말이다. 심시선 여사는 대화는 남편이 아니라 친구들이랑
하는 거라고 주장한다. 이해도 친구들과 하는 것이라고.
마음 잘 맞는 친구들과 속이야기를 한참 늘어놓다 보면 심
각했던 일이 헤어질 무렵엔 별일 아닌 것처럼 느껴질 때가
있다.

　　세기의 사랑에도 유통기한이 찾아온다. 찰스 왕세자
는 바람을 피우고, 영국 왕실은 이를 묵인하며 다이애나를
더욱 가두었다. 결국 그녀는 서른여섯 살, 한창 아름다울
때 자동차 사고로 세상을 떠났다. 세상을 다 가진 신데렐
라로 세간의 부러움을 받았지만, 정작 본인은 며느리 역할
만 하다가 떠났다.

　　가족은 어려울 때 힘이 되는 존재이지만, 한편으로는
어깨를 내리누르는 무거운 짐이다. 가족 내에서 한 사람의

•　　정세랑 지음,《시선으로부터,》, 문학동네, 2020, 20쪽.

역할은 한 가지가 아니다. 아내나 남편, 엄마나 아빠, 며느리나 사위, 딸이나 아들 등 관계 그물에 얽혀 있다. 추석 명절 연휴에 혼자 사는 친구와 서울대공원으로 산책을 간 적이 있다. 지하철역 앞 노포에서 떡볶이를 먹으려고 자리를 잡았다. 옆 테이블에 20대로 보이는 젊은 부부가 올망졸망한 세 아이를 데리고 앉아 있었다. 연년생처럼 보이는 아이들은 바깥 공간에 대한 호기심 탓인지 기분이 좋아서 활짝 웃었다. 부부의 표정은 아이들과 대조적이었다. 무표정한 채로 대화는커녕 '너는 너, 나는 나'를 전시하며 서로 다른 곳을 보고 있었다. 아이들은 엄마 아빠의 표정에 아랑곳하지 않고 싱그러웠다.

이 젊은 부부는 인생에서 어쩌면 가장 고단한 시기를 보내고 있는지도 모른다. 엄마, 아빠의 역할이 확대되고 아내와 남편의 역할은 상대적으로 축소되는 시기를 지나고 있다. 왕실 가족이 아닌 평범한 가족 내에서도 개인의 개성과 기질은 덜어내고, 싫은 일도 하고, 하고 싶은 일은 자제하는 참기 달인이 되어야 하는 때가 있다. 혼인과 혈연으로 이루어진 가족은 무겁기만 하다.

Chapter. 2

내가 나를
계속 부양하고
책임지려면

먹고사니즘이 불안정할 때

▶ **찬실이는 복도 많지**

감독: 김초희
출연: 강말금, 윤여정, 김영민 외
개요: 드라마, 한국, 2020

　　　　　'왜 일하나?'란 물음에 보편적
인 답은 '먹고살려고'다. 먹고사는 문제가 해결되어야 자
아실현도 할 수 있다. 먹고살려고 일한다는 말에는 진심
두 스푼이 담겨 있다. 하지만 일이란 녀석은 그렇게 단순
하지 않다. 일이 온전히 생계가 되면 끔찍한 반복 노동이
되어버린다. 일은 생계 수단 그 이상이다.

　　일은 대체 무엇일까? 대학 입시 지옥을 뚫고 졸업하
는 이유도 '잘' 살기 위해서다. 재일 한국인 정치학자 강상

중은 《나를 지키며 일하는 법》에서 '일은 사회로 들어가는 입장권', 다시 말해 '세상에 내 자리를 만드는 것'이라고 정의했다. 우리는 일에 많은 시간을 쏟고, 원하든 원하지 않든, 일로 만난 사람들과 어울리며 영향을 주고받는다. 일은 삶의 습관과 방식을 만들어가는 채널이며 잠재된 능력을 끌어내는 통로다. 이 채널을 통해 여러 가지 내 모습을 찾아내고 다듬는다. 이를테면 나는 학창 시절에는 친하지 않으면 말도 섞지 않을 정도로 낯가림이 심했다. 사회인이 되어 사람들에게 먼저 다가가는 일을 하면서 수줍음도 낯가림도 엷어졌다.

졸업 전에 일은 추상적이다. 나의 쓸모를 사회적 쓸모에 맞춘다. 서둘러 취업한 후에야 비로소 일이 적성에 맞는지, 질문에 직면한다. 일이 무엇인지에 대한 고민에 빠지는 내적 소용돌이는 누구나 겪는다. 일찍 겪거나 나중에 겪거나 시기만 다를 뿐이다. 부산 국제 영화제에서 3관왕을 차지한 〈찬실이는 복도 많지〉의 찬실이는 옆집 언니 같다. 찬실이 이야기는 내 이야기이자 당신의 이야기일 수 있다.

마흔 살 찬실이는 대체로 행복했다. 오랫동안 함께 일했던 영화감독이 갑자기 죽기 전까지는. 찬실이는 영화 프로듀서로 영화 만드는 일에 시간과 몸과 마음을 바쳤다. 제작 중인 영화의 감독이 죽자 찬실이는 하루아침에 백수가 된다. 그저 그런 프로듀서였지만 일은 곧 찬실이 자신이었다.

"시집은 못 가도 영화는 계속 찍고 살 줄 알았는데. 너무 갑자기 이래 되니까 도저히 힘들어서 못 버티겠어요. 천년만년 좋아하는 사람들하고 영화만 찍고 살 줄 알았거든요."

찬실이에게 직장은 엄마의 자궁처럼 아늑한 곳이었다. 직장을 잃자 아직 세상에 나올 준비가 안 된 태아가 탯줄이 끊긴 것처럼 막막하다. 곧이어 그동안 웅크리고만 있던 결핍이 뜨거운 용암처럼 일상 곳곳에 흘러내린다. 생계도 막막하고, 집도 없고, 연애 경험도 없다. 일을 좋아해서 일밖에 몰랐던 시간은 온전한 행복이었을까?

신성한 노동의 대가, 월급으로 누릴 수 있는 자본의 맛은 강한 단맛이다. 단맛에 중독되면 몸에 해로운 걸 알면서도 끊기 어렵다. 월급에 중독되면 모든 게 문제없는 것 같지만, 정신을 차려보면 카드값 내느라 허덕이고 있다. 쓴맛을 잊으려고 단맛에 더 끌린다. 블링블링한 소비의 쾌감에 시간과 영혼을 털어 넣는다. 일상의 쳇바퀴를 열심히 돌리는 동안 생각은 사치다. 주변을 돌보지도 않고 고민 없이 사는 이런 삶, 졸업 후에 누구나 한 번쯤 겪는다.

우리는 자본가에게 노동을 바치고, 자본가는 물건을 만들어서 노동의 대가로 받은 돈을 다시 회수해 간다. 자본주의의 쳇바퀴에 한 번 올라타면 멈출 재간 없이 바퀴를 돌리게 된다. 백수는 이 쳇바퀴에서 내려온 사람이다. 백수는 대체로 시간이 많고 돈이 없다. 시간이 많지만 시간의 주인으로 살아본 적이 없어서 결핍에 집중한다.

"회사 다닐 때는 내가 대단할 줄 알았어요. 근데 퇴사하고 나니까 일 말고는 잘하는 게 없는 거 같아요."

퇴사한 지 2년 된 지인이 한 말이다. 이 무용한 기분은 무용하지 않다. 비로소 자기에게 이르는 길로 발을 내디뎠다는 신호다. 막다른 골목에 다다르면 생각이 명료해지고 선택지도 좁혀진다. 쓸데없는 저울질을 멈추고 주사위를 높이 던진다. 일단 주어진 숫자를 선택하면 집중하는 힘을 발휘하는 게 좋을 때가 있다.

'삶을 송두리째 잃지 않으려면 적당한 노동은 필요하다'는 알베르 카뮈의 말처럼 찬실이는 생계부터 해결해야 한다. 언니, 동생 사이로 지내는 여배우 집에서 가사도우미를 하기 시작한다. 영화판 동료들이 알면 수군거리겠지만 동료들이 찬실이의 생계와 삶을 책임져주지 않는다. 타인의 시선에 휘둘릴 필요가 없다.

　찬실이의 노동은 정당하고 신성하다. 일주일에 두 번 일하면 생계 정도는 그럭저럭 꾸린다. 일단 발등에 떨어진 급한 불을 끄고 나니 시간 부자다. 부자의 속성은 돈에 종속되지 않고 돈을 지배한다. 시간 부자도 비슷하다. 시간에 허덕이는 대신 시간의 주인으로 산다. 시간 부자가 된 찬실이는 그동안 바빠서 미뤄두었던 '생각'을 하기 시작한다. 무엇을 원하는지, 무엇을 좋아하는지, '나 탐구 생활'을 채워간다. 방학 때 학교를 쉬는 대신 여러 가지 과목과 주제가 담긴 《탐구 생활》을 한 페이지씩 과제로 하는 것처럼.

　찬실이에게 주어진 과제는 나 탐구다. 자기 계발은 실체가 모호한 추상적인 말이다. 스물두 살 학생의 고민을 들은 적이 있다. 그는 "자기 가치를 높이는 방법을 알고 싶어요"라고 말했다. 스물두 살 학생과 마흔 살 찬실이가 자기 가치를 높이는 방법이 같을 수 없다. 학생이라면 먼저 학업과 진로에 직접적으로 관련된 경험 탐구가 우선할 것이다. 교환학생, 해외 인턴십, 외국어, 각종 자격증 등등. 20대에는 이런 것들이 도움이 된다. 반면, 찬실이처럼 마흔이 넘으면 유행하는 자기 계발은 별로 도움이 안 된다.

　찬실이의 경우 경력과 적성이 접점을 이루는 일을 찾

는 게 우선이다. 필요할 때 꺼내 쓸 수 있는 자질을 내 것으로 만들 때 진짜 자기 가치가 높아진다. 구체적 자기 계발은 '나 탐구'에서 시작한다. 하고 싶은 일을 찾고, 그 일에 필요한 자질을 고찰하지 않으면 열심히 살았는데도 남는 게 없게 된다. 찬실이의 인생은 이제부터 시작이라고 말하고 싶다. 백수란 자신다움을 찾는 시간을 통과 중인 사람이다.

"지금보다 훨씬 더 젊었을 때 저는 늘 목말랐던 거 같아요. 사랑은 몰라서 못했지만 저는 제가 좋아하는 일이 저를 꽉 채워줄 거라고 믿었어요. 근데 잘못 생각했어요. 채워도 채워도 그런 걸로는 갈증이 가시지 않더라고요. 목이 말라서 꾸는 꿈은 행복이 아니에요……. 저요, 사는 게 뭔지 진짜 궁금해졌어요. 그 안에 영화도 있어요."

30대 중반에 2년 정도 자발적 백수로 지냈다. 안정된 월급 생활자가 되는 대신 '적게 일하고 적게 쓰기'를 실천했다. 모아둔 돈을 쓰며 일 이외의 것에 기웃거렸다. '젊은데 이래도 되나?' 의문을 품으며 대상이 모호한 죄책감으로 한동안 나 자신을 옥죄었다. 시간 부자를 바라보는 부정적인 사회적 시선은 곧 내 시선이었다. 내가 나를 다그쳤다. 하지만 좋아하는 일을 버킷 리스트에서 꺼내서 하나씩 지워가면서 다그침이 잦아들었다.

　침대와 물아일체 되기, 책 읽고 끼적이기, 서울에서 열리는 각종 영화제에 가서 영화 보기, 한낮에 미술관 카페에 앉아서 지나가는 사람 쳐다보기 등등. 이런 일로 마음이 두둑해질 수 있음을 처음 알았다. 시간의 주인으로 사는 것은 꽤 근사했다. 고개를 쭉 빼고 여기저기 기웃거리며 아드레날린이 솟구치는 것들을 차곡차곡 모았다. 글쓰기도 마찬가지였다. 오로지 즐거움을 위해, 나를 위해 썼다. 글쓰기에서 인정욕과 성취욕을 내려놓자 헤맸던 시간이 과거로 사라졌다. 강상중 작가의 말을 빌리면 자연스러움을 연마하는 시간이었다. '무리하지 않고, 잘난 체하지 않고, 작위적이지 않으면서 있는 그대로의 나를 인식하는' 시간 말이다. 다시 말해 내 부족함을 알고, 인정하고, 긍정하는 시간. 시간 부자 찬실이는 달동네 단칸방에서 시나리오 작업을 시작한다. 자기 방식으로 영화 제작에 참여하는 셈이다. 찬실이의 인생은 끝나지 않았다. 이제부터 시작이다. 좋아하는 것 곁에 머무는 방법을 찾아냈으니까.

직업을 선택할 때 알아야 할 것

⊙ **머니볼**

원제: Moneyball
감독: 베넷 밀러
출연: 브래드 피트, 필립 세이모어 호프만, 조나 힐 외
개요: 드라마, 미국, 2011

　　　　　　　졸업 후 취업 준비를 하면서
겪는 사이클이 있다. 처음에는 당연히 가고 싶은 곳에 입
사 지원서를 넣는다. 그러고는 합격할 것 같은 착각에 빠
진다. 서류 전형에 통과해서 면접을 보러 가면 최첨단 시
설을 갖춘 회사 건물과 그에 맞는 주변 환경에 마음이 쏠
린다. 합격을 간절히 바라는 나날을 보내지만 공손한 불합
격 통보를 받는다. 기세 좋게 차올랐던 자신감이 뚝 떨어
지며 세상에 쓸모없는 인간만은 되지 않기를 바라는 단계

로 접어든다. 이제 처음보다 조심스러운 태도로 차선으로 찜해둔 회사에 지원한다. 이 주기를 몇 번 반복해야 취업 문을 통과한다. 막상 입사 후에도 나를 거절한 회사 건물이 계속 아른거린다. 그 회사에는 내가 모르는 근사한 일이 기다리고 있을 것만 같다.

사회로 나가는 첫 발걸음이 석연치 않고, 나를 거절한 회사에 대한 미련이 계속 남는다면 미국의 여러 비평가 협회로부터 각색상, 각본상, 남우주연상 등을 수상한 이력이 돋보이는 〈머니볼〉에서 지혜와 위로를 얻을 수 있다.

브래드 피트가 연기한 빌리 빈은 야구 선수로서 누구나 부러워하는 첫 직장에서 커리어를 시작한다. 고등학교를 졸업할 무렵 그는 환호하며 뛰어오를 만한 두 가지 선택지를 받는다. 하나는 스탠퍼드대학교가 전액 장학금을 제안한다. 또 하나는 메이저리그의 한 구단이 거액 연봉을 내밀며 입단을 제안한다. 세상을 손에 넣은 것 같은 스무 살의 빌리 빈. 젊다는 말은 곧 경험이 적다는 의미다. 실패 경험도 적다는 뜻도 포함한다. 청춘은 내 뜻대로 살 수 있다고 믿는 때다.

빌리는 "거액의 연봉을 받는 선수들은 그만한 가치가 있다는 것을 돈이 말해주죠"라고 말한다. 빌리는 메이저리그 구단에 사회인으로서 첫걸음을 내디딘다. 빌리가 말했듯이 자본주의 세계에서 연봉은 그 사람의 가치와 동일시되는 기표다. 빌리는 사회적 공인인증서를 가지고 기세 좋게 출발한다.

야구를 비롯한 모든 이익 집단은 결과 중심이다. 스포츠 세계는 자본주의가 추구하는 이상에 가장 노골적이다. 승자만이 더 큰 자본을 불린다. 구단이 산 것은 투자금을 몇 배로 불려줄 빌리의 잠재력이다. 하지만 구단은 오래 기다리지 않는다. 다시 말해 직장은 개인의 이용 가치에만 관심이 있다. 개인이 재능이 꽃을 피울 때까지 품위를 유지하도록 배려하지 않는다. 가령, 한 회사에서 신제품을 출시했는데 상반기에 반응이 없으면 하반기에 폐기하기 마련이다. 개발비가 많이 들었어도 수익이 안 나면 빨리 손절하는 게 경제 논리다. 빌리는 최고 유망주의 자리에서 빠르게 추락해서 폐기되기 직전에 이른다. 잊지 말아야 할 것은 레드 오션에서 밀려나더라도 삶은 계속된다는 사실이다.

이제 빌리에게는 그저 그런 직업인으로서 '진짜' 삶이 펼쳐진다. 유망주라는 타이틀과 함께 젊음도 사라지지만, 삶은 그의 곁에 찰싹 붙어서 따라온다. 빌리의 과거를 가십거리로 삼는 사람들이 무심코 던진 말은 마음의 상처에 뿌려지는 소금이지만, 그는 야구계를 떠날 수 없다. 야구계에 메이저리그 선수들만 있다면 야구계는 돌아가지 않는다. 이 세상에 대기업만 있는 것이 아니라 크고 작은 하청 업체나 우리가 처음 듣는 일을 하는 작은 회사들이 유기적으로 연결되어 있는 것처럼.

빌리 빈은 첫 직장에서 겪은 불운 덕분에 두 번째 직장에서 버틸 수 있다. 그는 마이너리그팀 감독으로 산다. '유망주'로 막을 내린 선수 생활 덕분에 재능과 유명세를 바라보는 시선을 수정하는 법을 배운다.

"우리의 방식을 굳이 남에게 설명하려고 하지 마."

스무 살 빌리는 타인이 신봉하는 보편적 가치를 의심 없이 수용했다. 그런 방식이 자기와 안 맞는 것을 알게 된 빌리는 그제야 자기 속도로 일한다. 빌리는 누가 봐도 꺼릴 선택을 한다. 오합지졸처럼 보이는 선수들로 팀을 꾸린다. 한 선수의 승률은 구단의 비용과 직결된다는 보편성에 "야구는 숫자로 하는 게 아니라 몸으로 한다. 숫자가 할 수 없는 걸 해야 한다"라고 말한다. 빌리 빈은 화려한 시작과 이른 실패 덕분에 주류에서 한 걸음 떨어져서 걷는 기술을 얻는다.

승률 같은 확률은 표본에서 추출한 데이터 통계치다. 팩트를 기반으로 하는 데이터는 중요하지만 한 사람의 잠재력을 끌어내는 데 쓸모없을 때도 많다. 사람이 불가능해 보이는 일을 이루어낼 때는 확률에서 벗어날 때다. 개인의 신념과 직관, 의지 등 주관적 요소들이 화학 반응을 일으켜 기적을 낳는다. 빌리 빈은 주목받지 못하는 선수들의 잠재력을 믿고 승리 드라마를 이끈다. 그는 독특한 전략과 기획으로 기적을 이루어낸 구단장으로 다시 태어난다. 사람들의 시선을 한 몸에 받으며 몸값이 야구 역사상 최고로 치솟는다.

이제 빌리 빈은 다시 스무 살 때와 비슷한 선택지 앞에 놓인다. 스무 살에는 자본의 상징성에 매혹되었지만, 이제 자신이 직업 시장에서 마구잡이로 거래되는 상품이길 거부한다. 빌리는 마이너리그 감독으로 남는다.

빌리 빈처럼 화려하고 주목받을 만한 첫발이 아니더라도 이 땅에 태어난 이상 우리는 사회인으로 살아야 한다. 대개는 한눈에 보이는 반짝이는 재능이 없을 경우가 더 많다. 일은 재능보다 성실함과 책임감이라는 유니폼을 입을 때 지속할 수 있다. 개인이 체제를 전복할 수 있다고 믿지 않는다. 대신에 자기 속도와 리듬으로 사는 법을 터득하면 체제에 휘둘리지 않으리라 믿는다. 일은 몇 개월짜리 프로젝트가 아니다. 수명이 길어진 만큼 강제(?) 노동

기간도 길어졌다. 내가 즐길 수 있어야 오래 일할 수 있다. 연봉은 직업을 선택할 때 고려해야 할 우선순위이지만, 빌리 빈이 보여주듯이 나의 본질을 무시하고 돈만을 최우선 순위로 꼽으면 존재감 자체가 신기루처럼 사라진다.

직업 안정성은 직장이 아니라 '직업'에 달려 있다고 모두가 입 모아 말하는 시대다. 사실 이런 말은 직접 겪어보기 전까진 '에티오피아에 홍수가 났다'는 말처럼 들린다. 자본주의의 단맛과 쓴맛을 두루 맛본 후에야 비로소 직업과 직장의 개념 차이가 와닿는다.

혼자 사는 사람은 특히 '내 몸값'에 민감할 수밖에 없다. 싱글 커뮤니티에는 직장을 그만두고 싶은데 할 줄 아는 일이 없다고 걱정하는 글이 올라오곤 한다. 나 같은 프리랜서는 긴장도는 높고 안정성은 낮다. 콘텐츠를 계속 개발하고, 고객의 마음도 헤아려야 직업 수명이 늘어난다. 수명이 늘어난 만큼 직업 수명도 비례해서 늘면 좋겠지만, 현실은 슬프게도 그렇지 않다. 물려받을 유산도 없고, 재테크에 문외한이라면 노동 시장에서 오래오래 현역으로 살아야 한다. 우리 대부분이 그렇다.

김중혁 작가는 에세이 《뭐라도 되겠지》에서 '인생은 포기하는 것의 문제'*라고 말한다. 돈을 많이 벌기로 선택한 사람은 우리 눈에 잘 보인다. 그가 돈 대신 포기한 것은 잘 보이지 않는다. 김중혁 작가는 돈과 성공과 권력을 포기하고 한가한 삶을 선택했다고 한다. 물론 즐겁게. 빌리 빈은 다시 한번 제안받은 거액의 몸값을 포기한다. 그러고는 소란스럽지 않게 자기 속도로 야구계에 남기로 한다. 그의 선택은 진정한 승리로 보인다. 내 속도로 살기 위해서 무엇을 포기해야 할까?

●   김중혁, 《뭐라도 되겠지》, 마음산책, 2011, 103쪽.

하고 싶은 일과
잘하는 일이 다를 때

▶ **극한직업**

감독: 이병헌
출연: 류승룡, 이하늬, 신하균 외
개요: 코미디, 한국, 2019

덕업일치. 말만 들어도 설렌
다. 좋아하는 일로 밥벌이를 하는 사람을 만나면 부러움부
터 올라온다. 하지만 이런 사람이 얼마나 될까? 수미 작가
의 에세이 《애매한 재능》은 덕업일치를 꿈꾸는 작가 자신
의 이야기다. 그녀는 서울예대 극작과를 졸업 후 고시원을
떠돌며 자칭 '문필하청업자'가 된다. 쓰고 싶은 글은 희곡
이지만, 고객의 주문을 받아서 글을 쓴다. 방송 구성작가,
칼럼니스트 등을 거치며 고정적 수입이 없어 생계를 걱정

한다. 아동극을 비롯한 몇몇 공모전에서 상금을 받았지만 써볼 궁리를 하기도 전에 집에 생긴 우환이 상금을 잽싸게 채간다. 그럼에도 수미 작가는 글쓰기에 애정을 잃지 않는다. 결혼해서 두 아이를 키우면서도, 찾는 이가 없을 때도 수미 작가의 머릿속에는 글쓰기 등이 늘 켜져 있다. 하고 싶은 일을 아는 것은 축복인 동시에 저주일 수 있다. 생계와 직결될 때면 더욱 그렇다.

수미 작가의 경우처럼 하고 싶은 일과 잘하는 일이 다른 상황은 해변에 굴러다니는 자갈처럼 흔하다. 전공과 전혀 다른 일을 하는 것도 놀랍지 않다. 내 경우도 마찬가지다. 어릴 적 OTT나 유튜브가 없던 학창 시절에 TV에서 방영하는 영화를 꼬박꼬박 챙겨보고 여운을 노트에 적었다. 야간 자율학습에서 빠져나와 영화를 보러 가기도 했다. 막연히 영화 평론가가 되고 싶다는 생각을 마음 한구석에 담아두었다. 서른 넘어서 직업을 바꿔보려고 허무맹랑하게 영화과 대학원에 진학했다. 내 머리로 이해하기 힘든 이론서들을 읽으며 깨달았다. '아, 나는 그냥 영화 보는 것을 좋아하는 사람이구나.' 평론하기보다는 관객으로 사는 것이 훨씬 좋았다. 나는 관객일 때 빛나는 사람이다.

1,500만 명이 넘는 관객이 선택한 영화 〈극한직업〉은

형사들이 마약상을 잡으려고 잠복수사를 하다가 얼떨결에 치킨집을 인수하면서 벌어지는 일을 담았다. 범인을 잡아 자신들을 '월급 루팡'으로 쳐다보는 이들 앞에서 고개를 한껏 들고 걷고 싶은데, 잘하는 일은 닭을 튀기고 파는 일이라면 기분이 어떨까?

대체로 영화에서 강력반 형사는 폼 나고, 강단 있고, 카리스마가 있어서 정의를 구현하는 해결사로 그려진다. 형사에게서 생활인의 이미지를 떠올리기는 힘들다. 반면, 현실에서 형사는 범인을 잡는 직장인이다. 극 중에서 범인 추격 장면을 목격한 구경꾼과 형사의 대화는 극사실주의다.

"경찰이 왜 저래……. 막 앞구르기 하고 유리 깨고 그런 거 아니야?"

"돈 없어, 이 새끼야! 창문 깨지면 누가 변상해!!!"

형사도 사회정의 구현이라는 대의명분을 실현하기 이전에 직업인이다. 직업인으로서 형사는 전혀 매력적이지 않다. 박봉에다 범인에게 종종 칼도 맞고, 잠복근무 환경도 열악하다. 좁은 차 안에 갇혀 잠을 못 자는 건 말할 것도 없고, 밥도 제때 못 먹고, 화장실도 마음대로 못 간다. 다 먹고살자고 하는 일인데 말이다.

형사만의 특권(?)이라면 빨간 경광등을 켜고 도로 중앙선을 넘나들며 정차된 차도 두려워하지 않고 신나게 달리는 것이라고 생각했다. 이 영화를 보기 전까지는 말이다. 부수고 깨며 뒷일 생각하지 않고 앞으로 질주하는 깔끔하고 유려한 자동차 추격 장면은 얼마나 영화적인지. 현실에서의 형사는 도로에서 추격전을 벌일 때도 박봉 직장인이다. 범인을 쫓다가 16중 추돌 사고를 낸 후 보험료가 올라갈 것부터 걱정한다. 상사에게 깨지고, 잘나가는 나이 어린 동료에게 치이는 소시민이다. 드라마 〈미생〉의 등장인물들이 무역상사에서 팔 물건을 기획하고 거래처로부터 서명된 계약서를 받는 것이 실적인 것처럼. 일의 종류는 다르지만 본질은 같다. 조직에서 빛나는 보석이 되려면 돋보이는 성과가 있어야 한다.

오합지졸처럼 보이는 고 반장 팀의 잠복 근무지는 치킨집이다. 종일 손님이라고는 잠복근무 팀밖에 없다. 파리만 잡던 치킨집 사장이 치킨집을 팔겠다는 결단을 내린다. 얼떨결에 잠복근무 팀이 치킨집을 인수하고, 예상치 못한 대전환기를 맞이한다.

잠복근무 팀은 왕갈비 양념치킨으로 맛집을 일구어낸다. 가게 밖에는 하루 종일 손님이 줄을 서고, 맛집 프로그램에 소개되면서 하루 매출이 두 눈 튀어나올 정도로 올라간다. 이 상황이 설상가상인지 전화위복인지 헷갈린다. 운도 따라주었지만, 범인을 잡는 데 바친 성실함과 책임감이 치킨집 운영에 최적이었다. 심지어 최선을 다한다.

치킨 튀기고 파느라 '본래 업무'인 범인 미행이 뒤로 밀려나자 팀원들이 아우성친다.

"180도 기름에 데고 칼에 베이고, 씨발 얼마나 쓰라린 줄 알어? 아파. 지금 현재도 굉장히 쓰라린 상태야. 토막 살인범을 잡아도 모자랄 판에 매일 닭이나 토막 내고 있는 이 참담하고 막막한 심정을, 너는 아시냐구욧!!"

하루에 양파 네 자루, 마늘 다섯 접, 파 서른세 단씩 까는 '화생방', 하루 매출 234만 원을 찍느라 잠깐 앉을 틈도 없이 불태운 하루. 치킨집이 대박 난 데는, 그러니까 이유가 있다. 극한 노동의 대가다. 고 반장이 마약범 이무배와 결투하는 장면에서 외친다.

"니가 모르나 본데 우리 소상공인들은 X나 목숨 걸고 하고 있다."

이쯤 되면 범인 잡으려고 치킨집을 하는지 치킨집 하려고 범인을 잡는지, 아무도 알 수 없다. 정작 잘하고 싶고 성과를 내야 하는 일에는 소질이 없고, 뜻밖의 일로 풀려 돈을 벌면 기분이 어떨까? 고 반장이 흔들리자 나도 흔들렸다. 뜻밖의 재능이 되어버린 치킨집 운영. '치킨이 미래'가 되어버린 현실에 주저앉을 것인가, 아니면 재능이 없는 게 분명한 범인 잡기로 돌아갈 것인가.

어떤 일에서든 딜레마와 만난다. 이를테면 여행 작가는 여행을 다니며 아무 데서나 원고를 쓰고 전송하며 밥벌이를 할 수 있을 것처럼 보인다. 영화 평론가가 칸 영화제에 초대받으면 칸의 해변을 거닐며 영화 이야기를 할 것처럼 보인다. 이는 밖에서 볼 때의 모습이다. 여행이 일과 연결되면 책을 내든 사진집을 내든 강의를 하든 결과물이 있어야 한다. 사적 영역이 공적 영역에서 가치를 인정받을 때 '업'으로 이어진다. 실적에 집중하면 여행하는 법이 달라진다. 더는 마음이 끌리는 대로 여행할 수 없다. 다른 사람들이 보고 싶고 알고 싶은 것을 파악해야 하고, 다른 기발한 여행 콘텐츠들과 차별성을 두고 행하는 '기획' 여행이 된다. 여행이 업이 되는 것은 유쾌하지 않다. 여행의 본질은 일탈인데 실적을 생각하면 그 즐거움이 바랜다.

칸에 간 영화 평론가도 마찬가지다. 사멸한 줄 알았던 연애 세포가 부활할 정도로 서정적인 해변을 지척에 두고 컴컴한 영화관에서 하루에 영화만 두세 편씩 보며 시간을 보내고 호텔 방에 앉아서 원고를 쓴다. 이쯤 되면 칸 해변이나 부산 해변이나 아무 의미가 없다.

우리는 흔히 덕업일치를 성공으로 꼽지만, 좋아하는 일은 취미로 남겨두라는 말이 있다. 이 말에 깊이 공감한다면 사회의 쓴물을 조금은 먹은 사람이다. 고 반장의 고민은 고 반장의 것만이 아니다. 그가 잘하고 싶은 일은 형사인데 재능은 치킨 장사에 있다. 성실과 책임의 정도는 같은데 돈이 따라온다면 그것이야말로 내가 잘하는 일이다. 그렇다고 투잡을 할 수는 없다. 고 반장네 팀이 보여주었듯이 두 가지 일을 동시에 하면 결국 둘 다에 전념하지 못하게 된다. 이럴 때 잘하는 일로 생계를 유지하고, 좋아하는 일은 '덕질'로 하는 것이 대안이라고 믿는 편이다. 직장인의 업무 특징은 대체 가능성이다. 일정한 훈련만 받은 사람은 누구라도 내 일을 할 수 있다. 그렇더라도 슬퍼하지 말자. 직장에서 어디에나 어울리는 큐브 블록이 되는 것도 재능이다. 이것도 아무나 할 수 없다. '애매한 재능'만 믿고 꾸리던 생계를 내던지는 것이 용기는 아니다.

여행에 미쳐서 직장을 그만두는 대신 월급으로 통장을 채우고, 그 돈으로 여행에 미치는 게 어떨까? 경험이 쌓이면 100세 시대에 고 반장처럼 범인도 잡고 실적도 쌓을지 아무도 모를 일이다. 쓸모없어 보이는 덕질이 쌓이다 보면 언젠가 뜻밖의 재능이 된다. 덕질은 내가 나를 계속 부양하는 당근이자 채찍이다.

주거 프레임을 바꾸면
일어나는 일

▶ **리틀 포레스트**

감독: 임순례
출연: 김태리, 류준열, 문소리 외
개요: 드라마, 한국, 2018

미국에 사는 친구가 이웃집의 근사함에 대해 말했다.

"우리 옆집은 비싸고 멋진 집이야. 오전에는 햇살이 거실 가득 들어와. 근데 그걸 누가 누리는 줄 알아? 집주인은 집을 사고 유지하기 위해 아침 일찍 출근해서 그 시간에 집에 없어. 햇살이 가장 아름다운 시간에 거실에서 커피를 마시며 누리는 사람은 그 집 메이드야. 아이러니하지?"

집은 일터 외에 가장 많은 시간을 보내는 곳이다. 나 같은 프리랜서는 집에서 보내는 시간이 '9 to 6' 직장인보다 훨씬 많다. 주거 환경은 생각에도 영향을 끼친다.

1인 가정이 서울에서 쾌적한 집에 안착할 때까지 과정은 녹록지 않다. 친구 말대로 볕이 잘 드는 남향집을 장만하려면 일하는 시간이 절대적으로 많아 집에서 볕이 드는 것을 볼 수 없다. 서울을 고집하는 이유는 많다. 양질의 일자리, 각종 문화시설 집중, 대형 병원 등. 이러한 이유들로 나도 서울을 떠나기를 주저한다. 분당에서 혼자 사는 J는 "이번에 이사했는데 대형 병원까지 차로 10분 거리라는 게 제일 마음에 들어요"라고 말했다. 혼자 나이 들면서 병원에 다른 사람 도움 없이 가는 일에 진심이 된다. 서울에 살 이런저런 이유가 있겠지만, 서울의 실제 주거 환경은 마음에 좀이 슬게 만든다.

김태리가 혜원 역으로 출연하고 임순례 감독이 만든 〈리틀 포레스트〉에서 혜원은 고시원에 산다. 학교 졸업 후 임용고시를 준비하며 편의점에서 일한다. 편의점에서 유통기한이 지나 폐기 처분하는 삼각김밥이나 도시락으로 끼니를 때운다. 임용고시 합격은 쥐구멍에 들 볕이다. 임용고시에 붙어도 인생이 단시간에 극적인 승리의 드라마로 변하진 않는다. 혜원은 현재 삶을 진짜 삶으로 가는 통로쯤으로 여기며 고생을 견딘다. 하지만 인생은 단 한 순간도 '임시'란 딱지를 붙일 수 없다. 모든 순간은 딱 한 번만 지나간다. 우리가 임시라고 여길 뿐이지 모든 순간은 다 진짜다.

혜원은 임용고시에 떨어지고, 습하고 작은 쥐구멍에 갇힌 쥐가 되어버린다. 고단함만 남은 서울 생활을 정리하고 시골집으로 도망친다. 수능 시험이 끝난 날, 혜원의 엄마는 바람처럼 사라졌다. 엄마가 남긴 편지 한 장이 혜원을 기다렸다.

"혜원이가 힘들 때마다 이곳의 흙냄새와 바람과 햇볕을 기억한다면 언제든 다시 털고 일어날 수 있을 거라는 걸 엄마는 믿어."

갓 스무 살의 혜원은 엄마의 가출도, 엄마의 말도 이해하지 못했다. 이후 혼자 힘으로 스물 초반을 살아냈다. 취준생이 되어서야 엄마가 남긴 말을 이해할 준비가 됐다. 비록 시골집으로 도망치듯 왔지만, 그곳에서 비로소 뼛속까지 짓눌렀던 삶의 무게를 내려놓는다. 고시원에서는 절망을 품었다면 시골집에는 햇살이 넘치고 꿀잠이 보장된다.

혼자 사는 일은 스스로를 챙기며 사는 것이다. 자신을 돌보는 것은 서울에서나 시골에서나 똑같다. 장소만 옮겼을 뿐인데 그 방식이 달라진다. 유통기한 지난 삼각김밥이나 도시락이 아닌 갓 지은 밥을 먹는다. 고슬고슬하게 갓 지은 밥은 달달하다. 밥에 오롯이 담긴 온기는 차가운 도시에서 살아남아야 한다는 불안을 사르르 녹인다. 혜원은 텃밭에서 자란 제철 채소로 어릴 적 엄마가 만들어주었던 제철 음식을 직접 만들어 먹는다. 자포자기하는 심정으로 시골집에 내려왔지만, 서울에서 살 때와 비교할 수 없게 자신을 잘 돌본다. 1인분의 삶을 잘 사는 것은 셀프 돌봄의 달인이 되는 것이다. 혜원은 잘 살기 시작했다.

낡은 시골집에서 사는 일은 낭만만 있지 않을 것이다. 텃밭을 가꾸려면 땡볕에 잡초도 뽑아야 하고 가뭄이 오면 밭작물에 물도 공급해야 한다. 낡은 집을 고치고 유지하는 일도 혼자 해내기에 만만치 않을 것이다. 배부르고 등 따뜻하면 그만이란 말에 고개를 끄덕이지만, 마음 한구석에는 템퍼 매트리스에 리모컨으로 각도를 조절하는 침대에서 잠을 깨는 삶, 각종 고급 식재료로 만들어진 음식을 먹는 삶에 대한 욕망을 밀쳐내기 쉽지 않다. 그러다 보면 '통장을 스쳐 지나가는 월급'만이 전부인 세계에서 질주한다. 나를 극진히 돌보려는 일이 정신 차리고 보면 결국 나를 해친다. 대기업에 입사했던 재하는 월급을 축낸다는 말을 들었다. 조직에서 개인은 월급만큼의 값어치가 있는 사람인지 끊임없이 평가받는다. 재하는 자신의 가치를 평가하고 깎아내리는 조직을 떠나 귀농한다.

빽빽한 아파트 숲에서 자고 일어나면 내 이름 석 자로 계약한 아파트 한 채를 갈망하지만, 논밭을 보며 살면 계절을 느낀다. "밤 조림이 맛있다는 건 가을이 깊어졌다는 뜻이다. 곶감이 맛있다는 건 겨울이 깊어졌다는 뜻이다" 하고.

신축 아파트를 내 것으로 만들 계획을 세우는 대신 제철 재료로 음식을 만들 궁리를 하는 것이 잘못 살고 있는 게 아니다. 오히려 나에게 맞는 삶의 속도와 방법을 탐색하지 않는다면, 다른 사람의 속도와 기준을 뒤좇느라 뼈를 깎아내리게 될지도 모른다. 아침이 사라졌으면 하는 마음이 든다면 삶의 속도를 다시 설정할 때다.

임용고시 낙방은 혜원에게 오히려 삶의 근원적 물음을 던진다.

"그렇게 바쁘게 산다고 문제가 해결이 돼?"

가장 중요한 질문을 얼버무리고 열심히 산다고 철석같이 믿고 있진 않은가? B는 몇 년 동안 서울살이를 한 후에 여수에 정착했다. "서울에서는 다들 바쁜데 나만 한가

하니까 내가 별로인 사람이란 생각이 들어서 불편했어요. 여수에 오니까 마음이 너무 편해요." 대도시는 사람 마음을 가난하게 만드는 재주가 있다. 혜원도 그랬다. 마음이 가난하면 다른 사람의 기쁨이나 슬픔에 동참할 여유가 없다. 혜원은 임용고시에 붙은 남자 친구를 향한 질투심에 마침표를 찍고, 축하를 건네는 여유를 마침내 얻는다.

혜원은 아카시아꽃이 피는 계절이면 꽃을 따서 얇게 튀김옷을 입혀 화전을 만든다. 밤이 여물어 바닥에 떨어지면 주워서 밤 조림을 만들고, 감이 열리면 하나하나 직접 깎아서 걸어둔다. 지나가는 바람이 어루만지면 곶감으로 익어간다. 흥이 나면 막걸리를 빚고 지짐이를 부쳐 친구들과 '꽐라'가 된다. 시골에서 삶의 기준은 계절이다. 소박하고 하찮아서 관심받을 만하지 않은 계절 말이다.

먹고 마시는 데 정성을 다하는 일이 하찮은 일일까? 미슐랭 평점을 받은 식당에서 한 끼에 십수만 원을 쓰려고 소소한 것을 다 버리며 일하는 것만이 정성을 다해 사는 것일까? 자신의 몸과 마음을 힘껏 챙기며 사는 것이야말로 넉넉해야 누릴 수 있는 일이다. 가슴에 착 달라붙은 욕심 그릇을 깨고 자연을 누리며 사는 삶이야말로 '영끌' 해서 대출받아 집을 사는 것보다 더 힘든 결심이다.

번역가이자 소설가인 블로그 이웃을 만난 적이 있다.

그는 서울에서 살다가 강릉으로 이주했다. 아무 연고도 없는 도시에 정착한 이유를 물었다.

"제가 하는 일은 매일 출퇴근할 필요가 없으니 서울에 있어야 할 이유가 없더라고요. 서울과 같은 집세인데 주거의 질은 훨씬 좋거든요. 집에서 조금만 나가면 바다가 보여요. 아침 이른 시간이나 일을 마친 저녁에는 자전거를 타요. 달리다 보면 어떤 날에는 정동진까지 갈 때도 있어요. 지는 해를 머리에 이고 곁에는 바다를 두고 달리면서 드는 생각이 뭔지 아세요? '내가 이렇게 행복해도 되나?' 예요."

그의 표정은 복잡해 보였다. 여유 있는 사람의 온화함과 행복이 사라질까 봐 걱정하는 표정이 뒤섞였다. 자신이 무엇을 원하는지 아는 사람, 무엇을 할 때 행복한지 알고 이를 실천하는 사람이야말로 가장 축복받은 사람이다.

"강릉에 오면 맛있는 커피 대접할 테니 한번 오세요."

그가 웃으며 말했다. 그의 미소가 문득문득 떠오른다.

생계와 주거 문제로
의기소침해질 때

▶ **비바리움**

원제: Vivarium

감독: 로칸 피네건

출연: 제시 아이젠버그, 이모겐 푸츠 외

개요: SF 드라마, 미국·덴마크·아일랜드·벨기에, 2020

30대 중반의 싱글로 영혼까지 끌어모아 집을 산 B. 혼자만의 보금자리가 생겨서 좋은 건 좋은 거고, 대출금 갚느라 한 달에 60만 원으로 생활하는 미션을 부여하고 수행한 기록을 유튜브에 올렸다. 스스로를 영끌족이라 부르며 소비 욕구를 억제하는 공개 선언을 한 셈이다. 게다가 집에서 회사까지 출퇴근하는 데 왕복 4시간. 하루 중 대부분을 사무실과 광역버스와 지하철에서 보낸다. 이쯤 되면 삶의 질을 챙길 여유는커녕 대출을 갖는 데 젊음을 불태운다고 말할 수 있다. 근로자의 한 달은 월급으로 굴러간다. B의 앞에 놓인 커다란 장애물은 생계와 주거 문제다. 번아웃이 코앞에서 윙윙거리며 알짱대는 모기 같다. 몇 달 쉬고 싶은 마음이 1,000퍼센트이지만 여의치 않다. 이럴 때 생계와 주거 걱정에서 해방된다면? 생각만으로도 미간 주름이 펴진다.

리모델링이나 수리할 필요도 없는 신축 집이 생겨서 몸만 들어가면 되고, 게다가 공짜라면? 회색빛 세상이 온통 핑크빛으로 바뀔까? 식재료와 생필품이 떨어질 때쯤 현관 앞으로 배달된다. 아래층은 볕 잘 드는 거실과 주방, 위층에는 부부 침실은 물론이고 아이 침실까지 갖추어져 마음에 쏙 드는 집이다. 조금 지나면 아이도 배달된다. 아이에게 필요한 것도 무료로 배달된다. 아이는 특별히 애써 돌보지 않아도 무럭무럭 자란다. 단, 조건이 있다. 타운하우스로 모두 똑같은 집들로 둘러싸인 동네에 이웃도 친구도 없다. 이런 신축 동네에 커플인 두 사람만 살아야 한다는 제안을 받는다면, 당신의 선택은?

판타지 영화제인 시체스 국제 판타스틱 영화제에서 여우주연상을 받은 〈비바리움〉은 주거와 생계 문제로 의기소침할 때 작은 위안이 된다. '욘더'라는 동네로 집을 보러 간 커플 톰과 젬마에게 부동산 중개인이 한마디를 남기고 사라진다.

"가장 완벽한 안식처가 되어줄 거예요, 영원히."

욘더는 공동주택 단지로 한국의 아파트 단지를 닮았다. 더 정확히 말하면 타운하우스다. 사방 풍경이 똑같다. 윗집과 아랫집은 물론 옆집도 앞집도 뒷집도 똑같다. 길은 바둑판처럼 반듯하게 잘 닦여 있다. 휴지 조각 하나 안 떨어진 쾌적한 동네에서 톰과 젬마는 두 다리를 쭉 뻗고 못 잔다. 오히려 공포에 사로잡힌다. 정원사인 톰은 욘더에 집을 보러 가기 전까지 고객의 잔소리를 들으며 나무를 손질했다. 육체노동과 감정노동으로부터 해방된 낙원에 들어섰는데 톰과 젬마는 즐겁지 않다. 어째서 기쁘지 않을까?

우리가 살고 싶은 집을 고를 때 건물만이 아니라 주변 환경과 이웃도 고려한다. 건축가이자 홍익대학교 건축학과 교수인 유현준은 《도시는 무엇으로 사는가》에서 걷고 싶은 거리가 되는 요소에 대해 말한다. 그에 따르면 이벤트가 많이 일어나는 거리, 구경거리가 있는 거리, 자연환경, 만날 수 있는 사람 등 여러 가지 요소가 충족되어야 걷고 싶은 거리가 된다. 특히 사람은 사람을 끌어당기는 매력적인 요소라고 한다. 손님이 가득한 식당과 파리 날리는 식당이 나란히 있을 때 손님이 북적거리는 식당에 들어가는 이유다.

날씨, 자연, 사람들이 만드는 번잡함 등에 영향받지 않는 환경은 잠깐 머물 때나 축복이다. 모든 조건이 영원히 균질하다면 그곳은 사육장이나 다름없다. 영화 제목인 '비바리움'처럼 말이다. 비바리움은 관찰이나 연구를 목적으로 동물이나 식물을 가두어 사육하는 공간을 일컫는다. 물고기를 키우는 아쿠아리움처럼.

요즘 대도시는 골목이 없어졌고 디지털화된 공동주택이 차지한다. 건설사가 어디든 공동주택 외부도 비슷하고 내부 구조는 거의 똑같다. TV와 소파, 침대를 놓을 위치를 정하는 사람은 그 집에 살 사람이 아니라 설계하는 사람이다. 방, 거실, 주방과 화장실은 위치만이 아니라 마감재도 똑같다. 똑같은 형태의 집에 수많은 이웃이 살지만, 복도에서 이따금 앞집 사람과 마주쳐도 가볍게 눈인사만 하고는 얼른 각자의 현관문을 향해 등을 돌린다. 마치 내집이 가장 안전한 것처럼. 편리함만 추구하는 공동주택 단지는 등골이 오싹할 때가 있다.

기억나는 한국 단편소설 중에도 최신식 디지털로 통제되는 아파트의 편리함을 비바리움에 빗댄 작품이 있다. 요즘 공동주택은 입주민 이외의 외부인에게 몹시 배타적이다. 키를 안 가지고 담배를 사러 나온 남자가 관리실에 공동현관 출입문을 열어달라고 한다. 경비원은 입주민인지 확인할 수 없다며 문을 열어주지 않는다. 지갑을 가지고 나오지 않은 터라 입주민이라는 사실을 증명할 수 없다. 남자는 추운 겨울에 꼼짝없이 밖에서 아내가 퇴근할 때까지 기다린다. 숫자와 키로 이루어진 보안 시스템은 그곳에 사는 입주민은 정작 소외시키고 '집'을 지킨다. 톰이 비바리움에서 안식이 아니라 공포를 느끼는 것은 당연한 수순인지도 모른다.

톰은 바깥 세계로 돌아가고자 하는 갈망에 사로잡힌다. 아침부터 해가 져서 어두워질 때까지 땅을 파고 또 판다. 없는 길을 만들려는 기세로 공포와 분노가 뒤범벅된 삽질을 계속한다. 톰이 돌아가려는 세계는 우리가 잘 아는 세계다. 출퇴근 만원 지하철에서 서로 몸이 부딪치는 불쾌함을 참아야 하고, 늦은 밤에 지하철을 타고 돌아올 때면 술 냄새와 삼겹살 냄새가 마구잡이로 섞인 공기를 호흡해야 하는 곳. 주말에 마트에 가면 다른 사람들이 미는 카트에 이리저리 치이는 곳. 자연스레 인상이 구겨지는 번잡한 세상이다. 평소라면 얼른 벗어나고픈 번잡한 소음이지만, 막상 무음이 지배하는 거리나 동네는 사람 사는 맛도 같이 제거된다. 톰이 느끼듯이 오히려 섬뜩한 공간일 수 있다. 그러고 보면 평온은 소음이 전제될 때 그 의미를 갖는다.

셔틀콕처럼 이리 치이고 저리 치이며 시달리다 집 현관문을 여는 순간, '휴, 이제 집이다'라고 중얼거리듯이 말이다.

　　평일에는 집에 있는 시간보다 밖에서 보내는 시간이 더 많은 B. "혼자만의 공간이 생겨서 너무 좋아요. 연애가 잘 안 맞아서 어쩌면 혼자 살 수도 있을 거 같아서 무리해서 집을 샀어요." 그러니까 B는 잠재적 비혼으로 내 후배가 될지도 모른다. 여성으로 혼자 살려면 안전한 집은 최우선 순위다. B도 나처럼 연애 대신 등기권리증을 택했다. 등기권리증은 연애할 때 쏟을 에너지를 대출금 갚는 데 쏟겠다는 의지를 다지는 문서인지도 모른다. 관계의 수명을 늘리는 데 땀이 절대적으로 필요하듯이 일용할 양식과 집을 구할 때도 마찬가지다. 이는 대단히 고단하지만, 이 고단함 덕분에 애착도 생긴다.

　　물가 상승률을 쫓아가지 못하는 월급을 쪼개서 생활한 시간을 돌아보면 스스로 대견하다. 쇼핑몰에서 우연히 클릭한 물건은 내가 접속하는 모든 웹사이트에 출몰한다. 팝업창이 30퍼센트 할인, 타임 세일 등을 알려주며 반짝거린다. 그 반짝임에 홀려 나도 모르게 장바구니에 넣고, 결제 버튼을 누르기 전에 이번 달에 빠져나갈 카드값을 가늠하곤 보관함으로 옮긴다. 이런 계산 없이 즉시 결제 버튼을 누를 구매력을 이따금 갈망한다. 하지만 즉시 결제 버튼을 누를 힘이 무한대로 주어진다면 결제 버튼을 누르는 것이 더는 쾌감이 아닐 것이다. 톰과 젬마가 보여주듯이 우리는 한 달 수입과 지출의 대차대조표를 맞추는 데서 짜릿함도 얻고, 안정감도 얻는 존재인지 모른다.

내 방을 둘러본다. 계획이나 정리 정돈과 거리가 먼 터라 바닥에 책이며 물건들이 널브러져 너저분하다. 하지만 물건 하나하나에 내 취향이 오롯이 담겨 있다. 집은 내 의지와 취향이 담긴 소비재로 가득한 공간이다. 쾌적하지 않으니 비바리움은 아니라고 우기고 싶다.

영화 〈비바리움〉을 보고 나면 사람들이 만드는 번잡함에 너그러워진다. 길 가다 어깨가 툭 부딪치는 무례함조차도 이해하고 싶어진다. 모든 것이 갖춰졌으나 진공 상태인 '비바리움'보다 정리할 물건이 늘어져 있는 내 방이 소중해진다. 수입을 쪼개며 한 달 생활비 예산을 세우는 일도 할 만해진다. 장바구니에 넣어둔 물건을 째려보며 결제 버튼을 누를지 말지 갈등하는 시간도, 문득 소중해진다.

골방에 사는 자본주의자

▶ **소공녀**

감독: 전고운
출연: 이솜, 안재홍 외
개요: 드라마, 한국, 2018

　　　　　　　　　"난 빚지는 거 싫어. 내 인생
의 목표가 빚 없이 사는 거야."

　　대종상 영화제와 청룡영화상에서 신인감독상을 받
고, 서울독립영화제 관객상에 빛나는 영화 〈소공녀〉의 주
인공 미소가 한 말이다. 빚 없이 사는 것이 목표가 아닌 사
람이 있을까. 보통의 한국 사람이라면 은행 대출이 아니더
라도 매달 감당할 만큼 부채를 안고 살고 있다. 후불 결제
카드를 안 쓰는 사람이라면 모를까.

홀로 삶을 꾸린다면 빚 없이 사는 것이 더욱 절실한 목표라고 말하고 싶다. 기댈 데가 나쁘이니까. 미소가 이 명제를 충족시키는 전제 조건이 흥미롭다. '적게 일하고 적게 쓴다.' 지름신을 섬기는 소비 사회에서 반소비 전략은 효과가 있을까? 미소가 사는 법은 이렇다.

미소는 가사도우미다. 사람들이 직업을 물으면 당당하게 가사도우미라고 대답한다. 하루 서너 시간만 일하고 일당 4~5만 원을 받아서 생활한다. 당연히 빠듯할 수밖에. 겨울에는 난방비를 아끼려고 냉골인 방에서 옷을 겹겹이 껴입는다. '보일러 펑펑 돌리고 더 일하는 대신 추위를 견디려고 가진 겨울옷을 모조리 껴입다니.' '젊은데 안정적인 직장을 찾아야지 시간을 탕진하다니.' 누군가는 쯧쯧 쯧, 혀를 차고 리모컨 버튼을 돌릴지도 모르겠다. 하지만 나는 미소가 사는 법이 궁금하다.

미소가 사수하는 지출은 월세, 담배, 위스키 한 잔이다. 집세도 오르고 담뱃값과 위스키값도 오르지만 일당은 그대로다. 가계부에 빨간불이 켜졌다. 미소는 가계부라고 부르기도 심플한 수입과 지출을 대조한 후, 달동네에 있는 냉골 다락방마저 빼기로 결정한다. 저녁에 바에 들러 위스키 한 잔 홀짝이며 피우는 담배 맛만큼은 사수하기 위해서. "집이 없어도 생각과 취향은 있어"라고 말하며.

당장 잘 곳이 없어진 미소는 학교 때 밴드 멤버들을 한 명씩 찾아간다. 먼저 혼자 사는 친구의 회사로 찾아간다. 점심시간에 회사 휴게실에서 포도당 주사까지 직접 놓으며 회사에 충성하는 친구는 미소와 자는 것이 불편하다고 말한다. 키보드를 쳤던 현정은 허름한 주택에서 시부모와 함께 대가족을 이루어 산다. 식구들 삼시 세끼를 챙기느라 자신을 돌보는 것이 무엇인지 잊은 친구. 복닥거리는 집 안에서 '자아'라는 단어는 사치품이다. 드럼을 쳤던 대용은 월급이 190만 원인데 아파트 대출 이자를 100만 원씩 20년 동안 내야 한다며 집이 아니라 감옥이라고 흐느낀다. 결혼할 때 아내의 소원이라 대출받아 집을 샀는데 8개월 만에 이혼하고 혼자 감옥 같은 생활을 한다. 보컬을 담당했던 정미는 마당에 잔디가 깔린 이층집에 산다. 그 대가로 식탁에서 바로 앞에 있는 물컵조차도 남편에게 갖다 바친다. 그녀는 남편의 손발이 된다.

"근데 그런 집에 있으니까 내 집도 아닌데 부자 된 느낌이 들어 기분이 좋기도 하면서 안 좋기도 해."

미소 친구들이 사는 법은 낯설지 않다. 나를 위한 시간을 더 좋은 집, 더 좋은 차, 일상의 편리함이 주는 안정감, 타인의 인정과 맞바꾼다. 가족들과 얽혀 사느라 나를 지우고, 물질적 풍요가 쌓일수록 마음은 허기진다. 잘 곳이 없어 이 집 저 집 전전하며 하룻밤 잘 곳을 빌리는 홀몸인 미소가 속은 훨씬 편해 보인다. 미소가 친구들에게 표시할 수 있는 성의는 고작 계란 한 판이지만. 미소는 마음이 궁색한 친구들에게 따뜻한 밥 한 끼를 지어서 선사하고 떠난다. 1인분의 삶을 사는 미소에게 필요한 것은 24인치 캐리어 하나, 등에 멘 두툼한 봇짐 하나에 다 들어 있다.

미소가 왜 더 일하지 않고 친구들 집을 떠도는지 궁금하다. 하루 종일 일하면 두 배는 벌 텐데. 미소는 일하기 싫어하는 게으름뱅이일까? 어른으로 자기 몫을 잘 해내고 있다고 말할 수 있을까?

돈은 실재하지만, 실재하지 않는다. 지폐나 동전이 돈이라고 생각하지만, 사실 돈은 실체가 없다. 집을 사고팔 때도 현금 다발을 주고받는 대신 은행 계좌로 숫자를 주고받는다. 큰 숫자는 더 많은 구매력을 뜻하고, 구매력은 곧 권력이다. 권력을 더 많이 가지면 행복할까? 놀랍게도 더 많이 소비할수록 행복한지 여부를 측정하는 공식이 있다. 1970년에 노벨경제학상을 수상한 MIT 교수 폴 새뮤얼슨은 행복 지수 공식을 만들었다. 행복 지수는 소비를 욕망으로 나누면 된다.

$$행복\ 지수=\frac{소비^{\bullet}}{욕망}$$

가령, 소비가 100이고 욕망이 100이면 행복 지수는 1이다. 소비가 500이고 욕망이 100이면 행복 지수는 5다. 소비가 늘어나면 행복 지수가 커지는 듯 보인다. 하지만 소비를 무한대로 늘릴 수는 없다. 수입은 한정적이기 마련이고, 소비가 늘어나도 어느 선에 이르면 행복 지수는 커지기를 멈춘다. 그렇다면 이번에는 욕망을 줄여보자. 소비가 100이고 욕망이 50이면 행복 지수는 2가 된다. 소비가 100이고 욕망이 10이면 행복 지수는 10으로 올라간다. 욕망을 줄이면 소비를 늘리는 것보다 행복 지수가 더 올라간다.

미소는 욕망과 소비의 상관관계를 꿰뚫어 보았다. 홀로 삶을 꾸리는 미소는 욕망을 줄이기로 했다. 미소는 자기 행복을 가꾸는 데 집중한다. 자본주의 규칙을 따르며 최소한의 노동을 하고 소비도 필요한 것만 한다.

심리학 박사인 박혜윤은 《숲속의 자본주의자》에서 사는 맛이란 먹고사는 일에 아무 도움이 안 되지만 좋아하

•   EBS 〈자본주의〉 제작팀 지음, 《EBS 다큐프라임 자본주의》, 가나출판사, 2013, 272쪽.

는 잉여짓을 하는 것이라고 말한다. 즉, 커피, 커피를 마시는 분위기, 아름다운 커피 기계들, 감당할 수 있는 수준에서 다소 과한 돈을 쓰는 사치스러운 일탈의 기분, 커피를 마시는 순간의 여유를 즐기는 것이다. 미소가 수입에 비해 많은 돈을 위스키와 담배에 쓰는 것처럼 말이다.

미소를 골방에 사는 자본주의자라고 부를 수 있다. 더 거슬러 올라가면 《월든》을 쓴 헨리 데이비드 소로가 최소한의 노동으로 자본주의를 이용하는 대안적 삶을 위해 숲 속 오두막에서 살았던 것처럼. 미소는 소로처럼 노동력을 '더 좋고 더 많은 것'을 얻는 데 낭비하기를 거부한다. 크고 좋은 집과 최신 유행의 소비재가 행복을 보장하지 않는다고 믿으며.

미소는 어느 공터에 텐트를 치고 밤을 밝힌다. 친구들의 삶에는 미소가 포기한 것들이 있고 미소의 삶에는 친구들이 포기한 것들이 있다. 미소는 자기가 원하는 것이 무엇인지 알고, 원하는 대로 살 용기도 있다. 마음의 소리에 귀 기울일 수 있는 것은 특권이다. 미소와 친구들을 보면서 나는 어디에 가까운 사람인지 질문을 던져보면 좋겠다.

Chapter.3

지속 가능한
혼자의 삶에 필요한
것들

평범함이 우연을 만나면
무기가 된다

▷ **거북이는 의외로 빨리 헤엄친다**

원제: 亀は意外と速く泳ぐ
감독: 미키 사토시
출연: 우에노 주리, 아오이 유우 외
개요: 코미디, 일본, 2006

학생 때는 해가 바뀌면 변화를 온몸으로 겪었다. 담임 선생님은 물론이고 교과 과목 선생님들도 바뀌고, 낯익은 반 친구들과 헤어지고, 새로운 반 친구들을 만나야 했다. 원치 않아도 매년 새로운 환경에 던져지곤 했다. 어릴 때 지독하게 예민하고 수줍음을 타서 살아남느라 투쟁(?)에 가까운 시간을 보냈다. 가까스로 익숙해질 만하면 새로운 투쟁이 반복되곤 했다.

사회생활 짬밥을 물릴 만큼 먹은 현재, 1년 단위로 결산하고 새로운 결심을 하는 의식에 시큰둥해진 지 오래다. 해가 바뀌어도 환경은 똑같다. 어제 했던 일을 오늘도 해야 하고 내일도 해야 한다. 어제 못 한 일은 오늘도 내일도 못 할 것 같은 '느낌적 느낌'이 있다. 나쁜 습관은 몸에 딱 맞는 옷처럼 편해서 벗기 싫다. 원래 나약한 의지는 결심 따위로 강해지지도 않는다. 만나는 사람도 한정되다 보니 일부러 노력하지 않는 한 친숙한 사람만 만난다.

주어진 환경을 박차고 나와서 발광하든지 귀찮으면 환경에 맞춰 어중간하게 살아간다. 감정도 무덤덤해져서 신나는 일이라곤 없어 보인다. 문득 '이렇게 인생이 끝나는 건가?' 생각하면 접싯물에 코를 빠뜨리는 이벤트라도 벌이고 싶을 때가 있다. 이때 스즈메를 보고 '대단한 결심 따위는 안 해도 괜찮겠어. 이대로 사는 거지'라고 속으로 외치면서 두 주먹을 불끈 쥔다.

스즈메는 한 번 들으면 잊기 어려운 제목의 블랙 코미디 영화 〈거북이는 의외로 빨리 헤엄친다〉의 주인공이다. 그녀는 옆집 언니, 아니면 나, 아니면 내 친구 같다. 스즈메는 자신의 평범함에 질식해서 땅속으로 꺼지고 싶다. 평범함의 싹은 학창 시절부터 도드라졌다. 가방에 붙이는 스티커를 선택하는 가벼운 취향조차 평범으로 가는 직진 사다리를 탔다. 그 결과 존재감이 0으로 수렴하는 어른이 됐다. 남편만이 아니라 스쳐 지나가는 사람도 스즈메를 투명인간처럼 대한다. 어느 날 스즈메가 사라져도 아무도 모를 것 같다.

남편은 해외 근무 중이라 스즈메는 혼자 산다. 무색무취한 존재감을 지닌 죄목으로 창살 없는 감옥의 수감자로 살던 어느 날, 스즈메는 우연히 스파이 구인 광고를 발견하고 면접을 보러 간다. 놀랍게도 그 자리에서 바로 스파이로 채용된다. 이유인즉 스즈메는 누가 봐도 평범 그 자체여서 사람들의 관심을 끌지 않을 테니까. 다른 사람의 시선을 끌지 않는 일이라면 스즈메만 한 사람이 없다. 마음에 안 들어서 버리고 싶었던 평범함이 스파이 임무를 수행하는 데 중요한 스펙이 된다.

체코의 국민 작가 카렐 차페크는 소설 《평범한 인생》에서 인생의 항로는 습관과 우연의 힘으로 나아간다고 말한다. 그러면서 우리에게는 여러 가지 자아가 있지만 평범한 인간이 가장 강하고 지속적이고, 가장 빈번하고 오랜 기간의 자아°라고 썼다. 매일은 습관과 관성으로 채워진다. 습관은 평범함을 갈고닦는 수단이다. 평범함이 우연을 만나 혼자 사는 데 무기가 될 수 있을까?

스즈메는 평범하게 사는 것이라면 자신 있다. 이벤트도 없고, 눈에 띄고 싶어도 띄지 않은 일상이 어떤 것인지 누구보다 잘 안다. 거북이 먹이를 주는 일도, 청소도 스파이 활동이라고 생각하니까 콧노래를 부르며 할 수 있다. 하지만 눈에 띄지 않아야 한다고 매번 생각하니까 문득 평범함의 특성에 관해 고민한다.

"오후 3시의 슈퍼. 주부는 뭘 사면 제일 평범한 거지? 자꾸자꾸 생각하니까 어렵다."

식당에서 주문할 때도 먹고 싶은 음식이 아니라 눈에 띄지 않는 음식을 주문하려고 메뉴를 열심히 본다. 사격 훈련을 받고 차에 총을 싣고 고속도로를 달리면서도 평범하게 보이려고 규정 속도를 유지한다. 웬걸. 교통경찰이 뒤쫓아 와서 묻는다.

"제한속도를 지키고 계셔서요. 뭔가 꺼림칙한 일이라도 있나요?"

평범함을 유지하는 일은 생각만큼 쉽지 않다. 일상적인 일에 '훈련'이라고 이름을 붙이니 평범함이 얼마나 까다로운지 인식한다. 평범함은 대단함의 다른 얼굴이라는 것을, 우리는 자꾸 잊는다.

●   카렐 차페크 지음, 송순섭 옮김, 《평범한 인생》, 열린책들, 2021, 213쪽.

"눈에 띄지 않는 맛. 대단하지. 맛있게 만드는 것은 어쩌면 간단한 거야."

일상을 이어가는 것은 어떤 면에서 우주선 발사보다 더 어렵다. 우주선 발사는 목표가 분명하고, 기간도 정해져 있고, 무엇보다 전 세계인이 주목한다. 동기부여가 넘쳐서 힘들어도 참을 수 있고, 프로젝트가 성공했을 때 보상도 따른다. 일상은 다르다. 무한 반복되고, 눈에 띄는 성과도 없고, 내 일상에 주목하는 사람은 대개 나뿐이다. 내가 끈을 놓으면 일상은 바닥으로 바로 가라앉으니 동기부여도 내가 해야 한다. 가도 가도 끝없는 바다에서 힘들어도 스스로를 토닥이며 언제 육지에 닿을지 모르는 데도 계속 헤엄쳐야 한다. 일상의 바다에 익사하기 쉬운 이유다.

혼자 살면 셀프 토닥임 기술 연마는 필수다. 일상을 이벤트로 바꾸는 재주를 갈고닦으면 된다. 우리는 새해 첫날이면 새해 결심을 한다. 결심대로 사는 것은 아니지만, 아무튼 자발적으로 환경을 새롭게 하곤 한다. 하지만 혼자 나이가 들다 보면 이벤트를 만드는 데 소홀하고 심드렁해진다. 새해 결심을 안 한 지 수년째다. 새해 결심 대신 한 해의 첫날에 늦잠을 자곤 했다. 해는 매일 뜨는데 해가 바뀌었다고 호들갑 떠는 게 우스워서.

2023년부터는 첫날을 다르게 보낸다. 아침 일찍 지인과 청계산에 간다. 산에 오르는 동안 추위는 열기로 바뀌었고, 침대와 합체하고 있을 시간에 바깥에서 몸을 움직이니 꾸깃한 마음이 펴졌다. 아무렇게나 접어서 여기저기 넣어두었던 자잘한 일들이 툭툭 떨어져 나갔다. 새해 첫날을 기념하는 사람들 틈에 섞여 산을 올랐을 뿐인데 말이다. 겨울의 투명하고 바삭한 햇살이 한 해 내내 비출 것만 같았다. 산을 내려와서 따뜻한 국수 한 그릇으로 배를 채우며 '아, 이래서 사람들이 추위와 인파를 견디며 굳이 동해로, 산으로 일출을 보러 가나 보다!' 생각했다.

새해에 소원을 빌지 않은 지 오래다. 소원은 빈다고 이루어지는 게 아니라는 것을 알기 때문이다. 소원 성취 여부는 내가 일상을 어떻게 꾸리는지에 달렸다. 그간 의욕을 끌어오는 데도 지쳐서 관성으로 살았다. 평범한 1인분의 삶은 스즈메가 보여주듯이 존재감도 점점 사라진다. 똑같은 하루가 모여 한 달이 되고 1년이 된다. 평범함이 특별한 무기가 되는 마법은 스즈메가 일상을 훈련으로 이름 붙인 것처럼 '조용한 법석'이다. 가끔은 기념일도 만들어서 선물도 하며 일상의 지리멸렬에 대항한다.

빼빼로 데이로 알려진 11월 11일은 제과 회사 마케팅으로 사용된다. 하지만 본래 뜻은 싱글을 위한 기념일이다. 중국에서 처음 시작됐다고 한다. 11월 11일은 날짜를 이루는 수가 모두 숫자 1이라 싱글을 뜻하는 기념일이다. 이 역시 쇼핑을 부추기는 회사들의 상술이지만 1년에 하루 정도는 과하지 않다면, 눈 질끈 감고 나를 위해 상술에 넘어가는 것도 좋지 않을까? 미국에서도 2013년 1월 11일부터 내셔널 싱글 데이를 기념했다고 한다. 중국에서처럼 숫자 1이 싱글을 상징한다.*

책 한 권 다 읽으면 꽃 한 송이를 스스로에게 선물하고, 첫눈이 오면 이불을 바꾸고, 평소엔 식탁보를 안 쓰지만 매일 혼자 밥 먹기 지켜우면 예쁜 식탁보를 깔아보고, 새해에는 수저 세트나 머그잔을 바꾸면서 자잘한 기념일을 일상으로 가져오면 어떨까? 작은 의식은 평범한 날을 특별한 날로 만들고, 평범한 나도 특별해지니까.

● 엘리야킴 키슬레브 지음, 박선영 옮김, 《혼자 살아도 괜찮아》, 비잉, 2020, 26~27쪽.

또 다른 이름의
한 지붕 한 가족

▶ **빨강머리 앤**

원제: 赤毛のアン
편성: 일본 후지TV
개요: 애니메이션, 일본, 1979

　　　　　　　　책을 읽든 영화를 보든, 공감
의 크기는 경험만큼이다. 똑같은 영화도 시간이 흘러 보면
다르게 보인다. 일단 한 편 보면 정주행 할 수밖에 없는 애
니메이션 〈빨강머리 앤〉. 100년이 넘어서도 여전히 사랑
받는 〈빨강머리 앤〉의 저력은 앤이 엉뚱, 유쾌, 상쾌하기
때문만은 아니다. 중년, 비혼, 여성으로서 다시 본 〈빨강머
리 앤〉은 앤의 성장 이야기인 동시에 환갑을 바라보는 마
릴라와 매튜 남매가 비혼 선구자로 주체적으로 사는 이야

기다. 어릴 때는 전혀 안 보였던 내용이다.

100년도 더 전에 쓰인 원작의 배경은 빅토리아시대로 추정된다. 결혼이 기본값인 시대에 마릴라 남매는 비혼으로 둘이 산다. 그 자체로 이야깃거리다. 에이번리 동네 사람들을 대표하는 이웃사촌 린드 부인은 말한다.

"이렇게 외딴곳에 둘만 덜렁 사니 매튜나 마릴라나 별난 것도 당연해."

린드 부인의 입을 통해 당시 마을 공동체의 시선을 읽는다. 에이번리는 익명에 기대는 대도시가 아니라 이웃집 저녁 메뉴까지도 화젯거리가 되는 작은 시골 마을 공동체다. 지금이나 그때나 가족을 이루는 방식은 어느 정도 정해져 있다. 일정한 나이가 되면 이성애 기반의 결혼 제도가 정답처럼 제시된다. 게다가 일요일에 교회는 마을 사람들의 사교장, 즉 소문이 퍼지는 근원지다. 세 사람은 비혼, 노인의 길목에 들어선 장년, 고아다. 다시 말해 사회가 제시하는 '기준'에서 벗어난 소수자들이다. 남의 일에 이러쿵저러쿵하는 환경에서 마릴라 남매는 앤을 입양해서 '소신껏' 가족을 이룬다.

비혼 남매가 부모 없는 아이를 키우며 한 지붕 아래 사는 동안 작은 소동과 투닥거림이 끊이지 않는다. 앤은 때로는 골칫거리이자 때로는 귀염둥이이고 늙어가는 남매에게 버거운 존재다. 그럼에도 어려운 일이 생기면 힘을 모으고, 남매는 앤이 커가는 것을 보면서 세상으로 다시 나간다. 이를테면 마릴라는 웃는 것이 어색하다. 원래 어른으로 오래 살면 웃음 근육을 사용할 일이 적어진다. 매일 새로운 해가 뜨는 경이로움을 '당연함'이라는 카테고리에 넣는다. 이 카테고리에 항목이 쌓일수록 웃음 근육도 퇴화한다. 나 역시 웃음 근육이 퇴화하는 게 뭔지 알 정도로 살았다. 평온하지만 권태로운 남매의 일상에 앤이 돌을 던져 물수제비를 뜬다. 잔물결이 남매의 마음에도 퍼진다. 흥분, 이해, 포용, 타협, 흐뭇함 등 명쾌하게 설명할 수 없는 감정이 저녁마다 마릴라의 가슴을 채운다.

"손안에 작고 야윈 손이 닿자 마릴라의 가슴에서 뭔가 따뜻하고 기분 좋은 기운이 샘솟았다. 그 낯선 포근함에 마릴라는 마음이 어수선했다."

남매의 독립적이고, 주체적인 삶 이면에 독선이 납작 엎드려 고개를 내밀 때만 기다렸다. 이런 그들의 삶에 잘못 배달된 택배처럼 앤이 도착해서 남매를 유연한 세상으로 이끈다. 남매는 어린 앤이 기댈 수 있는 어깨가 되고, 앤이 겪는 크고 작은 사건에 간접적으로 동참한다. 마릴라와 매튜는 앤을 통해 자신의 경계를 조금씩 허물고 자칫 고립될 수도 있던 노년에서 벗어난다. 또 새로운 세상을 만나고 풍부한 감정들을 경험한다. 한편, 앤은 남매가 경험한 세상을 배우며 세 사람의 세상이 섞인다. 살면서 귀에 피가 나게 들은 말이 있다. '사람은 사회적 동물이다.' 당연한 말이지만, 사람은 세상을 읽어내는 가장 풍부한 텍스트다.

1인 가구는 청년이나 노인에게 집중되어 경제적 불안정, 고독과 고립의 이미지와 연결된다. 특히 혼자 사는 노인을 '독거노인'이라 부르는데, 여기에 따라붙는 이미지는 노화, 고립, 가난 등 부정적인 것투성이다. 혼자 사는 모든 노인이 우울하고 가난과 곤경에 처한 게 아닐 텐데. 말의 힘은 세서 '독거노인'이 된 내 모습을 상상하면 등골이 오싹해진다. 혼자 나이 드는 것이 두렵지 않다면 거짓말이다.

혼자 늙어가는 것에 왜 부정적 이미지가 따라다닐까? 혼자 독립적으로 나이 들어가는 다양한 노인을 본 적이 별로 없기 때문이다. 과거에 본 적이 없으니 상상할 수 없다. 우리에게는 혼인과 혈연 바깥에서 이루어진 가족 모델이 턱없이 부족하다. 100년 전에도 마릴라와 매튜 남매가 말 많은 공동체에서 잘 살았듯이 오늘날에도 혼자 잘 사는 사람이 많을 텐데 말이다.

이번 생도 처음이고, 100세 시대도 처음이다. 혈연에 기반한 전통 가족을 이루지 않는 가구가 전체 인구의 3분의 1이나 차지하는 것도 처음이다. 우리는 이를 어떻게 받아들여야 할까? 2023년 상반기에 당근 모임 앱에서 '4050 동네 비혼 여성과 걷기' 모임을 꾸렸다. 모임 개설 며칠 만에 4050 동네 비혼 여성이 30명쯤 가입했다. 동네에 숨어서(?) 혼자 잘 사는 사람들을 찾아낸 기분이었다. 숨은그림찾기를 할 때 안 보이던 그림이 갑자기 보이는 것처럼 쾌감을 느꼈다. 그동안 다들 어디 계셨나요, 네?

매주 일요일 오후에 시간 되는 네다섯 명이 만나서 뒷산에 오르거나 한강공원을 걸었다. 머리도 안 감고 모자 눌러쓰고, 운동복 입고. 걸은 후에 저녁 먹고 또 걸어서 집에 와도 이른 저녁. 월요일 출근도 부담스럽지 않다. 함께 걷고 밥 먹으며 사회생활로 너덜너덜해진 마음 한 조각씩 꺼내 쓱쓱 털어낸다. 각자 하는 일은 다르지만 '빡침'의 핵심은 비슷하다. 직장 내에서 결이 안 맞는 관계 한가운데에 있거나 입사할 때 상상했던 환경이 아니다. 자다가도 벌떡 일어나서 가슴을 칠 정도로 공부해서 이직했더니 마찬가지 상황이다. 그렇다고 해도 생계라 그만둘 수도 없다. '니 맘이 내 맘'이다. 걷는 횟수가 늘어나면서 얼굴을 익히자 예상하지 못했던 '농도 옅은' 친밀감이 쌓였다. 눈 씻고 열심히 친밀감을 찾고, 오랫동안 알고 지낸 사이에서도 말하기 꺼려지는 이야기를 나눈 힘이다.

40대 초반 친구들은 부모님이 결혼에 대한 기대를 아직 버리지 않아서 여전히 핍박(?)받고 있다. 부모님이 결혼에 대한 희망의 끈을 놓지 못하는 이유는 딱 하나다. 당신들이 세상을 떠나고 나면 '혼자 남아 외톨이로 늙어갈' 딸의 앞날을 상상하기 때문이다. 결혼정보회사에 가입을 고민 중인 사람도 있었다. 결혼하고 싶어서가 아니다. 부모 세대와 마찬가지로 혼인과 혈연으로 이루어진 가족 이외의 1인 가정이 사는 모습을 본 적이 거의 없는 탓이다. 현재 홀로 지내는 것이 편하고 만족스럽지만, 더 나이 들면 부모님 말씀이 옳다고 생각한다. 나도 책을 쓰느라 자료 조사를 하기 전까지는 그랬으니까.

마릴라와 매튜 남매와 앤처럼 한 지붕 아래에서 같이 사는 사람도 없고, 실질적 도움을 주고받는 친밀한 관계도 없는가? 나이 들면 혼자 어떻게 사나? 이런 고민을 하는 사람이 나 말고 동네 어딘가에 살고 있다. 동네 걷기 모임은 결속력도 희미하고, 구속력은 더욱 없어서 언제 해체되어도 이상하지 않다. 그럼에도 동시대에 비슷한 고민을 하는 진짜 사람을 만난 것만으로 따뜻한 밥 한 공기를 뚝딱 해치우고 난 후처럼 허리와 어깨가 쭉 펴진다.

평소에 안 가던 사잇길로 걷기

▶ **고양이를 빌려드립니다**

원제: レンタネコ

감독: 오기가미 나오코

출연: 이치카와 미카코, 쿠사무라 레이코 외

개요: 드라마, 일본, 2012

"견딜 수 없을 정도로 외로운 사람이 아주 많다. 그래서 오늘도 외로운 사람에게 고양이를 빌려준다."

고양이 집사라면 놓치기에 억울한 영화 〈고양이를 빌려드립니다〉. 사요코는 길 잃은 고양이들을 불러 모으는 집사로 어렸을 때부터 고양이들이 따랐다. 사요코는 고양이들을 돌보며 돌아가신 할머니 영정을 마루에 모시고 매일 대화를 나눈다. 낮이면 고양이들을 수레에 싣고 "고양이 빌려드려요" 하고 외치며 동네를 다닌다. 또래의 렌터카 회사 직원이 도넛은 구멍부터 먹는다고 이야기하자 사요코는 말한다.

"구멍은 먹는 게 아니라 채우는 거예요. 마음속 구멍은 분명 이 아이가 채워줄 거예요."

우리는 도넛도 아닌데 마음에 구멍이 왜 있을까? 고양이가 정말 마음의 구멍을 채워줄까?

한국관광공사에서 명예 통역사로 활동한 적이 있다. 외국인 여행자가 서울에 오면 하루나 이틀 정도 자원해서 서울을 안내했다. 서울에 처음 온 외국인들이 대부분이라 서울의 첫인상이 좋기를 바랐다. 가능한 한 여행자의 취향에 맞추는 게 좋을 거라고 생각했다. 나는 외국인 여행자들에게 하고 싶은 것, 가고 싶은 곳을 묻곤 했다. 욕망은 중개자가 필요하다. 정보를 얻는 채널이 있어야 욕망이 발동되어 추진력을 얻는다. 파리에 가면 에펠탑에 꼭 가는 이유도 여러 매체에서 에펠탑을 보고 에펠탑이 지니는 낭만적 상징성에 설득되어서다.

유튜브나 SNS가 없던 때라 이들의 욕망을 뒤에서 힘껏 밀어줄 매체가 관광 안내서 말고는 없었다. 로컬 주민인 내가 욕망의 중개자 역할을 맡았다. 경복궁이나 창덕궁

등 많이 알려진 관광지 외에 로컬 주민이 추천한 것이면 뭐든 괜찮다는 답을 받곤 했으니까. 외국인 여행자들이 현지인을 만나고 싶은 이유였을 것이다.

이 요청은 은근히 까다로웠다. 서울 주민만 아는 장소나 이벤트가 얼른 떠오르지 않았다. 나는 한국인 내지 서울 사람으로서 정체성이 희미했다. 지리멸렬한 일상의 때를 지울 수 있는 도시 분위기를 재현한 장소에 매혹되곤 했다. 식당도 카페도 퓨전 분위기로 휘감은 곳, 다시 말해 정체불명의 분위기에 홀려 있었다. 가는 곳도 정해져 있어서 서울에 대해 아는 것이라고는 별로 없었다. 가이드북에서 제시한 콘텐츠가 훨씬 다채롭고 풍부하게 보였다.

서울은 태어나서 자란 곳이라 잘 안다고 착각하고, 틈만 나면 떠날 궁리를 했다. 내가 뿌리를 내린 일상 터전을 아끼는 데 건성이었다. 〈오즈의 마법사〉의 도로시처럼 다른 도시에 가면 무지개를 만날 거라는 환상 속에 살았다. 일상을 뒤로하고 좁은 비행기 좌석에서 속이 더부룩한 채 두세 끼를 먹으며 앉아 있으면 살아 있는 것 같았다. 이 불편함이 일상의 반복보다 훨씬 견딜 만해서 틈만 나면 떠났다. 하지만 떠나는 빈도가 늘어날수록 마음속 구멍은 메워지지 않고, 더 깊어졌다.

서울을 소개하는 중개자가 된 후에 깨달았다. 나는 서

울에 대해 아는 게 없었다. 서울을 알려고 노력한 적도 없었다. 화산학자로 타히티 연구소에 근무했던 프랑스인 안느 마리를 게스트로 맞이한 적이 있다. 환갑인 그녀는 호기심이 가득했고 새로운 경험에 겁이 없었다. 새로운 음식을 먹어보고 낯선 문화를 체험하는 데 인심이 후했다.

안느 마리가 "서울에는 공원이 참 많아"라고 말했다. 다른 도시들을 떠올리며 '서울에는 갈 만한 공원이 없어' 하고 생각한 나와 반대였다. 안느 마리의 말에 이끌려 도심을, 동네를 찬찬히 보았다. 건물 사이사이에 나무가 촘촘하게 버티고 있는 작은 공원들이 곳곳에 있었다. 뉴욕 센트럴파크, 파리 뤽상부르 공원 등만 떠올렸던 탓에 곁에 있는 작은 공원을 홀대했다. '늘 먼 곳만 바라보고 있었구나' 정신이 번쩍 들었다.

렌터카 사무실 직원은 사요코의 고양이를 빌린 고객 중 한 명이다. 그녀는 안느 마리를 만나기 전 내 모습과 비슷했다. 일상에서 새로움을 발견하는 데 관심 없고 게으른 사람. 그녀가 사는 곳은 작은 마을이라 인구가 줄어 차를 빌리는 사람도 점점 줄었다. 그녀는 혼자 파리 날리는 사무실을 지키며 10년을 보냈다. 가끔 손님이 오면 차량 등급을 A, B, C로 나누어 기계적 설명을 읊고는 계약서에 사인받는 일이 일과다. 오차 없이 반복되는 일상과 무표정은 보는 사람까지 하품 나게 만든다.

동네 붙박이 같은 사무실 벽에는 렌터카 회사의 이벤트 포스터가 붙어 있다. 경품은 무려 하와이 여행. 사요코는 망설이지 않고 사무실로 들어간다. 이벤트 응모 자격이 차를 빌린 고객이란 말에 사요코는 망설이지 않고 차를 빌리고는 그 차를 타고 사무실을 떠난다.

직원은 사요코를 보고 깨닫는다. 10년 동안 렌터카를 빌려주기만 했지, 정작 자신은 한 번도 렌터카를 타고 어딘가로 떠난 적이 없다. 아니, 그럴 욕구조차 없었다. 깨달음은 행동을 낳는 친절한 안내자다. 그녀도 사요코처럼 자기 사무실 차를 빌리고 이벤트에 응모해서 하와이 여행의 주인공이 된다. 이제 그녀의 표정은 A, B, C 차량 등급을 말할 때의 기계적이고 지루한 표정 대신 흥분으로 빛난다.

싱글 커뮤니티에 올라오는 단골 고민 중 하나는 '만날 사람도 없고, 사람을 만나도 즐겁지 않아요. 오늘도 어제 같고, 내일도 오늘 같아서 지쳐요'다. 동호회에 가입해서 활동해보거나 운동을 시작해보라는 상냥한 조언의 댓글도 달린다. 또 누군가는 주변에 만날 사람이 점점 줄어들고, 휴일이면 외롭다고 말한다.

〈고양이를 빌려드립니다〉에도 저마다 마음에 다른 모양의 구멍을 가진 사람들이 나온다. 죽음을 바라보며 찾아주는 사람 없이 혼자 사는 할머니. 할머니는 먹을 사람이 없어도 푸딩을 만든다. 직장 때문에 가족과 떨어져 혼자 사는 아저씨. 아저씨는 외로움이 뚝뚝 묻어나는 구멍 난 양말을 신고 다닌다. 사요코는 고양이를 빌려주며 다른 사람의 구멍을 채워줄 궁리를 하지만, 정작 자기 마음의 구멍을 채우는 법을 모른다.

'나는 일상을 바꿀 거야' 하고 소리 높여 구호를 외치며 거리로 나가야만 일상 혁명이 일어나는 게 아니다. 어느 날 직업을 바꾸거나 더 좋은 집으로 이사 가고, 더 많은 사람을 만나느라 분주하고, 미니멀리스트로 대변신해서 물건을 정리하는 법석을 떨어야 구멍이 채워지는 것도 아니다.

구멍 모양이 어떻든 구멍을 채우는 법은 의외로 싱겁다. 평소에 안 하던 일을 해보는 것이다. 사요코에게서 고양이를 빌려서 돌보듯이 말이다. 주로 누운 채로 넷플릭스로 영화를 본다면 영화관에 가서 다른 사람들 틈에 섞여 영화 보기, 퇴근 후 집에 올 때 한 정거장 전에 내려서 천천히 걸으며 저녁 공기가 매일 어떻게 다른지 피부로 느끼기, 영화에서 사요코가 제안한 대로 입양 전 반려동물을 잠시 돌보는 임시 보모에 자원해보기 등 다른 길로 눈길을 돌리기만 하면 변화의 씨앗은 얼마든지 있다. 안 하던 일을 해보는 데 게으름을 걷어내면 된다. 커다란 용기가 필요한 게 아니다. 늘 다니던 길, 익숙한 길에서 시선을 떼고 사잇길로 시선을 옮겨보는 것. 내친김에 사잇길로 한 발을 내디디면 된다. 그다음에는 발견되기를 기다리며 조용히 제자리에 있는 것을, 그저 발견하면 된다. 오래전에 만났던 안느 마리가 내게 알려주었던 것처럼.

어른이 되기는 어렵고
꼰대가 되기는 쉽고

▶ **멋진 하루**

　감독: 이윤기
　출연: 전도연, 하정우 외
　개요: 드라마, 한국, 2008

▶ **라스트 미션**

　원제: The Mule
　감독: 클린트 이스트우드
　출연: 클린트 이스트우드, 타이사 파미가 외
　개요: 드라마, 미국, 2019

　　　　　　　　　　아이가 성인이 되어 이혼 후
혼자 사는 R은 가장 좋은 점이 뭐냐고 묻자 집 안이 자기가
정리한 그대로 유지되는 것을 꼽았다.

　"딸이 집을 얼마나 어지르는지 같이 살 때 나랑 정말
안 맞아서 힘들었어요."

　"딸도 힘들었을 거라는 생각은 안 해봤어요?"

　"아니, 뭐가 힘들어요? 아침에 어질러놓고 나가면 내
가 다 치우고 정리하는데."

그러면서 집 안을 정돈하는 방법을 신이 나서 이야기했다. 나는 R의 딸 같은 구석이 있어서 딸에게 감정이 이입됐다. 나는 거듭 속으로 생각했다. 딸이 힘들었을 거라고. 무질서 속에도 질서가 있는 법이다. 어질러져 있더라도 필요한 것을 찾을 수 있다면 나름의 질서가 있다고 말할 수 있다. 다만, 엄마의 질서와 딸의 질서가 다를 뿐.

혼자 오래 살면 사소한 일에서 다른 사람의 의견을 일부러 구하지 않고 내 마음의 북소리를 따른다. 직장에서는 양보, 아니 불가피하게 따라야 할 규칙이 산더미다. 마음이 상해도 웃는 얼굴을 지으며 '네, 알겠습니다'를 힘차게 외치곤 뒤돌아 욕할지라도. 대신 일상에서는 마음의 소리를 따르는 것이 절대적으로 옳다. 하지만 내 마음의 소리에만 지나치게 귀를 기울이면 R처럼 타인의 마음에서 나오는 소리를 못 듣기 쉽다. 그러면 꼰대로 가는 특급 열차에 타게 된다. 나이를 먹는다고 해서 저절로 어른이 되진 않는다.

꼰대와 어른의 차이는 뭘까? 위키백과 정의에 따르면, 꼰대는 '자기의 구태의연한 사고방식을 타인에게 강요하는 직장 상사나 나이 많은 사람을 가리키는 속어'다. 국립국어원 표준국어대사전에 따르면, 어른은 '다 자라서 자기 일에 책임을 질 수 있는 사람'이다. 나는 앞선 정의에서 '상사, 나이 많은'이라는 말을 빼고 싶다. 꼰대가 될지 어른이 될지는 나이나 직급과 관련이 없다. 나이가 많은 상사라고 다 어른도 아니고, 어리다고 해서 꼰대가 아니란 법도 없다.

타인이 서 있는 맥락을 무시하고 자기가 옳다고 아무 때나 주장하면 누구나 꼰대다. 자신의 경험과 지혜만이 정답인 양 이야기하는 사람을 만나면, 슬금슬금 도망칠 궁리를 하게 된다. 자기 렌즈로만 세상을 바라보는 사람은 옆사람을 종종 불편하게 한다. 더욱 절망적인 것은 자기가 꼰대인 줄 모를 때다.

타인의 모습은 나를 비춰 보는 거울이다. 서울 원도심의 매력적인 골목을 배경으로 하정우와 전도연이 주연한 〈멋진 하루〉와 노배우 클린트 이스트우드가 연출하고 주연한 〈라스트 미션〉에서 꼰대와 멋진 어른의 모습을 떠올리면 좋겠다.

한 사람을 한마디로 규정할 수 없다. 놓인 상황, 맺은 관계에 따라 다양한 모습을 지닌다. 〈멋진 하루〉의 병운과 희수는 과거에 연인이었다. 희수는 헤어진 지 1년 만에 병운을 찾아와서 사귈 때 빌려주었던 350만 원을 갚으라고 한다. 과거 연인이 채권자와 채무자가 되어 다소 구질구질한 하루를 보낸다. 채무자 병운이 채권자 희수에게 동행할 것을 요청했기 때문이다. 희수는 퇴근 시간에 갑자기 상사가 '이것만 정리하고 퇴근해' 하고 던져준 서류를 받아든 표정을 잠깐 짓고는 병운의 지인들을 만나러 다닌다.

병운의 지인은 모두 자신의 형편에 맞춰서 몇 십만 원을 흔쾌히 빌려준다. 그들은 돈봉투와 함께 병운의 됨됨이에 대해 한마디씩 건넨다. 그들이 아는 병운은 배려심이 가득해서 인간미 넘치는 사람이다. 희수가 아는 사람과 사뭇 다른 사람 같다.

우리는 보고 싶은 것만 보고 듣고 싶은 것만 듣는다. R이 집 안 살림 정리를 마치 딸을 위한 봉사라고 생각하는 것처럼. 사실은 자기가 세운 원칙을 사수하기 위한 것임에도 불구하고. 희수는 자기가 그린 일상 그림이 있다. 그 선 밖으로 물감이 번지지 않게 색칠하려고 미간을 잔뜩 찡그리는 사람이다. 도움을 주고받는 것도 피해라고 여기는 편이다. 희수가 보기에 병운은 대책 없이 사는 하루살이 같다. 병운의 지인들은 다르다. 병운의 '한심한 무대책'을 개성으로 본다. 지인들을 통해 본 병운은 유연한 사람처럼 보인다.

희수의 잣대는 타인이 아니라 어쩌면 자신에게 향해

있는지도 모른다. 기질 때문이든 경험 때문이든 이유가 무엇이든 희수는 자기 원칙을 고수하며 다른 사람의 마음에는 관심이 없다. 반면, 병운은 다른 이들의 이야기에 귀를 기울이며 산다. 자기 틀에 갇히지 않고 타인의 마음을 먼저 읽고 배려하는 그는 인간다움을 넘어서 어른스러움을 보여준다.

품위 있는 노년의 대명사인 배우 클린트 이스트우드가 연출하고 주연한 〈라스트 미션〉에서 얼은 꼰대와 어른의 경계를 가로지르는 인물이다. 이제 가진 것이라고는 나이밖에 없는 노인 얼. 젊었을 때 그는 가장으로서 맡은 책임에 소홀하고 꽃에 미쳤다. 그 덕분에 가족과도 사이가 틀어지고, 쭈글쭈글한 육체만 남았을 때 비로소 깨닫는다. 그는 자기 마음에 울리는 북소리만 듣고 살았다는 것을.

얼은 손녀 대학 등록금을 마련하기 위해 마약 운반책이 된다. 그는 가족에게 소홀한 꼰대였지만, 단 한 번도 공적 규율을 어긴 적이 없다. 도로에서 딱지 한 번 뗀 적도 없고, 건널목에서는 지나가는 사람이 없어도 차를 멈추는 FM이다. 하지만 이제 돈 때문에 법을 어기고 반사회적 일을 한다. 분명히 죄를 지었다. 재판을 받는 법정에서 변호인은 얼의 사정을 판사에게 설명하려고 한다. 그러자 얼은 자리에서 일어나서 "유죄입니다"라고 말하며 정상참작을

호소하지 않는다. 대신에 죄를 온전히 인정하고 그에 걸맞은 벌을 받는다. 꽃에 미쳐서 꽃다운 시절을 떠나보낸 그는 남은 생을 교도소에서 보낼 것이다. 교도소 화단에서 꽃을 기르며.

병운과 얼이 보여주듯이 한 사람이 가진 얼굴은 상황과 관계에 따라 변한다. 기회주의자적 태도를 말하는 게 아니다. 상황에 따라 자기 입장을 바꾸는 유연함이 있어야 어른이라고 말하고 싶다. 자기가 알고 따르던 원칙만을 고집한다면 아무리 바르게 살아도 꼰대다. 꼰대와 어른은 한 끗 차이다.

많은 어록을 남긴 배우 윤여정이 TV쇼 〈윤식당〉에 출연했을 때 다음과 같이 말한 적이 있다.

"서진이가 메뉴를 추가하자고 했어요. 젊은 사람들이 센스가 있으니 들어야죠. 우리는 낡았고 매너리즘에 빠졌고 편견을 가지고 있잖아요. 살아온 경험 때문에 많이 오염됐어요. 이 나이에 편견이 없다면 거짓말입니다. 그런데 어른들이 젊은이들에게 '너희들이 뭘 알아?'라고 말하면 안 되죠. 난 남북통일도 중요하지만 세대 간 소통이 더 시급하다고 생각해요."

그녀의 말에서 바람직한 어른과 꼰대의 차이를 찾는

다. 우리는 모두 불완전한 존재다. 젊을 때는 경험이 없어서, 나이 들면 경험이 쌓여서 실수한다. 잘못인 줄 알면서도 자존심을 지키는 데 골몰하면 꼰대가 될 것이고, 얼처럼 나머지 인생을 설령 감옥에서 보내게 되더라도 자신의 과오를 인정하면 어른이 될 것이다. 잘못을 인정하는 일, 이거 쉽지 않다. 어른이 되기란 어렵고 꼰대가 되기는 쉬운 이유다.

혼자 오래 살면 인정하기 싫지만 희수 같은 모습에 가까운 꼰대가 되기 쉽다. 물론 비관 속에도 희망은 있다. 먼저 내가 어떤 사람인지 알면 꼰대에서 탈출해 어른이 될 가능성이 있다. 1인분의 삶을 살면서 내 몫을 살뜰하게 챙기되 필요하다면 타인의 마음을 헤아리는 사람이 되고 싶다.

배우자와 사별하고
혼자 남겨진다면

▶ **오베라는 남자**

원제: En Man Som Heter Ove
감독: 하네스 홀름
출연: 롤프 라스가드, 바하르 파르스 외
개요: 드라마, 스웨덴, 2016

1인 가구 지원센터를 따로 운영하거나 가족센터에서 1인 가구를 지원하는 자치구가 늘고 있다. 반가운 소식이다. 그동안 우리는 다인 가정의 대체적 고민만 들어왔다. 1인 가구의 대체적 삶에 대한 논의는 이제 첫걸음을 떼었다. 그도 그럴 것이 인류가 출현한 이래로 혼자 사는 사람이 이렇게 늘어난 것은 처음이라고 한다. 혼자 살게 된 이유는 저마다 다르다. "1인 가구의 삶의 형태는 매우 다양해서 단순한 일률적 정책으로 대응하기 힘들다. 20~30대 청년 1인 가구는 주거, 20~40대 여성 1인 가구는 안전, 50대 이상 1인 가구는 고립과 질병에 취약하다. 1인 가구 전체에서 나타나는 가장 두드러진 특징은 '외로움'과 '빈곤'이다."•

시애틀 국제 영화제에서 남우주연상을 받고, 미국에서도 리메이크된 스웨덴 영화 〈오베라는 남자〉. 오베는 주거도 생계도 안정된, 노년에 접어든 남성이다. 주거와 생계만 충족된다고 해서 삶이 완성되는 게 아니다. 오베처럼 배우자와 사별하면 갑자기 혼자 남겨진다. 이런 경우 배우자 없이 계속 혼자 산 사람보다 혼자 살기를 더 어려워한다. 게다가 오베는 일도 떠나보냈다.

초고령화 사회에서는 퇴직 후에도 삶이 몇 십 년씩 계속된다. 배우자와 사별해도 삶은 계속된다. 배우자는 세상에서 가장 친한 친구이자 이웃이었고, 인생의 조언자였다. 오베에게 아내는 배우자 이전에 살아가는 목적 자체였다. 배우자와만 교류하던 삶은 아무 문제 없이 잘 굴러갔고 행복했다. 배우자가 세상과 이어주는 다리 역할을 한 터라

• 　이충신, '은평구, 1인가구의 삶을 '빛나게' 하다', 〈한겨레〉, 2023년 7월 27일자 기사.

다른 사람과 굳이 교류할 필요도 없었다. 하지만 아내가 세상을 뜨자 일상의 모든 연결 고리가 한순간에 끊긴다. 오베는 갓 태어난 아기가 엄마를 잃은 것처럼 혼자 살아갈 방법도 모르고, 살 이유도 찾지 못한다.

아내는 오베 인생의 나침반이었고, 오베의 존재 자체만으로도 쓸모를 인정해주는 사람이었다. 오베는 세상에서 자기 쓸모를 찾지 못하자 자신을 녹슨 고철 덩어리로 느낀다. 결국 미련 없이 아내를 뒤따르기로 결심한다. 천장에 줄을 매달고 옷을 차려입고 목을 매려는 순간, 이웃이 오베네 집 문을 두드린다. 이웃은 그 후 이런저런 자질구레한 일로 오베를 찾아와 귀찮게 군다.

오베는 깐깐함을 넘어서 까칠하기 이를 데 없는 노인이다. 옆집 남자가 자기 차보다 좋은 차를 새로 살 때마다 자랑해서 말도 안 섞은 지 수년째다. 다정하기는커녕 냉소적이고, 이웃과 친하게 지낼 이유도 없고, 그러고 싶지도 않다. 오베는 낯설지 않은 인물이다. 남성 언어에 익숙한 중년 남성들의 퇴직 후 모습이다. 관계 맺기와 소통에 소홀했던 시간이 쌓여서 사회에서는 물론이고 가정에서도 소외감을 느끼기 쉽다. 독서 모임이나 취미 모임에 나가도, 공공기관에 강의를 하러 가도, 참여자는 여성이 압도적이다. 책 읽기 모임에 10명이 참석하면 9명이 여성이고,

글쓰기 강의에서도 참여자 15명 중 13, 14명이 여성이다. 그렇다면 남성들은 다 어디에 있는 걸까?

오랫동안 일과 관련한 언어를 사용하는 데만 익숙했던 중장년 남성은 가족과 대화하는 데도 서툴 때가 많다. 여성보다 남성이 배우자의 죽음에 더 취약한 이유다. 사이 좋은 부부였더라도 어느 날 누군가는 혼자 남겨질 확률이 높다. 따라서 우리는 일상을 가꾸는 기술을 갈고닦는 데 적극적이어야 한다. 만일 지금 오베처럼 외로움에 사무치고, 무쓸모의 늪에 빠져서 허우적거린다면 그의 삶을 참고하면 좋다.

동네 이웃과 관계를 맺고 소통하는 것은 무엇인가? 새로 이사 온 이란인 가족은 오베를 성가시게 한다. 사다리를 빌려달라고 하고, 음식을 했다면서 접시에 담아 문을 두드리고, 병원까지 데려다달라고 하질 않나, 심지어 운전 연수까지 요청한다. 이들은 시시콜콜한 일로 오베 집 초인종을 누른다. 일상은 귀찮지만 처리해야 하는 자질구레한 일이 산더미다. 이를 아내가 전담했던 터라 오베는 일상을 돌아가게 하는 기술, 즉 이웃과 관계 맺는 데 서툴게 됐다. 오베에게는 자잘한 일을 직접 도와주는 것보다 오히려 돈을 빌려주는 것이 쉬울지도 모른다. 그는 이제 일상을 대하는 법을 처음부터 배운다.

한국, 특히 서울과 수도권의 주거 모델은 획일적이다. 공동주택 단지가 큰 비율을 차지해서 혼자 사는 사람은 일부러 다른 사람과 섞일 기회를 찾아 나서지 않으면 관계 맺을 기회가 희박하다. 아이를 키우는 부모는 원하든 원하지 않든 이웃들과 함께 동네 커뮤니티에 참여한다. 어린이집 등하교 시간이 되면 공동주택 단지 입구에서 아이를 배웅하는 부모들이 모여 서로 인사를 나눈다. 학령기 부모들은 아이들이 친구를 사귈 수 있도록 일부러 친목 활동을 할 때도 있다. 아이를 중심으로 모인 모임이 다 즐거운 것은 아닐지라도 말이다.

그에 비하면 혼자 사는 사람은 동네 이웃을 만날 기회도 없고, 그럴 필요도 못 느낀다. 오래 살아도 동네를 잘 모른다. 대형마트나 인터넷으로 편하게 장을 보는 일이 빈번해짐에 따라 사람과 사람 사이에 이루어지는 필연적 눈인사나 느슨한 치댐이 사라졌다.

다행히 지자체마다 가족센터나 1인 가구 지원센터가 있다. 공공기관이 비록 다정한 사랑방은 아닐지라도 적어도 이곳에서 시행하는 여러 프로그램은 이웃, 특히 혼자 사는 다른 사람을 만날 기회다. 물질적 지원부터 심리 상담도 지원하고, 다양한 주제의 강좌도 열린다. 내 안에 동네 이웃을 탐색하고자 하는 의지만 있으면 어울릴 기회는 생각보다 많다.

나는 '동네 친구' 로망을 오랫동안 품어왔다. 슬리퍼 찍찍 끌고 나가서 집 앞 편의점에서 맥주 한 캔 마시며 시시껄렁한 이야기를 나눌 수 있는 친구가 한 명쯤 있었으면 하고 꿈꿨다. 꿈을 꾸면 그 방향으로 행동하게 되고 행동하면 곧 이루어진다고 했다. 앞서도 말했지만 나는 중고 물건 거래 앱에서 걷기 모임을 만들었고, 마침내 동네 친구가 생겼다. 나보다 열 살이나 적은 친구이지만 일요일이나 휴일 오전에 '오후에 서달산 한판 어때요?' 하고 접선 문자를 주고받는다. 걷고 난 후엔 가끔 반주 한잔과 함께 저녁을 먹으며 살아가는 이야기도 나눈다. 운동복 입고 동네에서 만날 수 있는 친구는 유사시에 꺼내 쓸 수 있는 비상금 통장처럼 든든하다.

활달한 사람들은 대부분 취미 부자가 많아서 사람을 만나는 데 적극적이고 친구도 쉽게 사귄다. 혼자 사는 사람일수록 연대해야 한다는 목소리가 들리지만, 현실은 그 반대일 경우가 많다. 혼자 살면 오히려 자기 자리에서 벗어나길 꺼린다. 사실 동네 친구를 찾는 데는 수고로움이 필요하다. 새로운 사람과 만나는 것이 어색하다 보니 이

어색함에 굴복할 때가 많다. 오베나 나 그리고 내 친구들처럼. 하지만 동네 이웃은 오베를 성가시게 굴어서 결국 그의 자살도 막았다.

동네 친구에 대한 로망이 있다면 망설이지 말고 1인 가구 지원센터나 나처럼 당근 모임 앱 등을 기웃거려도 좋겠다. 같이 산책하기, 혼자 먹기 어려운 메뉴 같이 먹기, 심지어 '카공(카페에서 같이 공부하기)', '간맥(퇴근 후 간단하게 같이 맥주 마시기)', 동네 맛집 같이 가기 등등 일회성 목적의 만남도 활성화되어 있다. '지속적인 관계도 아닌데 피곤하게 뭐 하러 만나'라고 생각할 수 있다. 나도 그런 편이니까. 하지만 지속적 관계는 먼저 만나야 이루어진다. 오베처럼 만남 자체를 차단한다면, 끈끈한 관계를 유지했던 단 한 사람이나 가족을 잃을 경우 생의 의미도 함께 잃기 쉽다. 오베는 아내를 잃었지만, 이제부터 다른 사람들과 어울려 살아가는 법을 배울 것이다. 만일 친구를 사귀는 법을 잊었다면 이벤트성 만남부터 시작해도 좋지 않을까? 1인 가구 지원센터를 방문하든 모임 앱을 이용하든. 혹시 아는가? 그러다가 평생의 소울 메이트를 만날지.

갱년기 싱글 맘이
사춘기 아들과 사는 법

▶ **우리의 20세기**

원제: 20th Century Women
감독: 마이크 밀스
출연: 아네트 베닝, 그레타 거윅, 루카스 제이드 주만 외
개요: 드라마, 미국, 2017

독립 잡지를 만들 때 싱글 대
디와 인터뷰한 적이 있다. 그는 이혼 후 직장 생활을 하면
서 어린 아들을 혼자 돌보느라 여러 가지 시행착오를 겪었
다. 아이가 초등학교에 입학했을 때 그는 아이를 혼자 키
우는 상황을 학교에 공개했다. 많은 고민 후였다. 이것이
아이를 위한 선택이라고 믿었다.

"아이가 이따금 '엄마 없다'는 놀림을 받아서 싸우곤
하는데 그때마다 마음이 찢어져요. 초등학교 저학년은 엄

마 없다는 말을 혼자 생각해낼 수 없거든요. 부모들의 왜곡된 시각이 아이들의 입을 통해 나오는 거죠. 저처럼 한부모 가정의 가장이라면 혼자 끙끙거리지 말고 주변에 도움을 요청하는 게 아이를 위한 길이라고 생각해요."

두 부모 밑에서 자라는 이가 말썽을 부리면 '부모가 둘 다 있어서 그래'라고 말하지 않는다. 대신에 '애들은 원래 그러면서 큰다'고 말한다. 반면, 한부모 가정의 아이에게는 '엄마가 없어서 그래' 또는 '아빠가 없어서 그래'라고 말한다.

한부모 가장이라 마음 한구석이 '내 탓' 덫에 걸려 있다면 근사한 얼굴 주름을 보유한 아네트 베닝과 그레타 거윅이 출연하는 〈우리의 20세기〉에서 지혜를 빌릴 수 있다. 마흔에 늦둥이 아들을 낳아 키우는 싱글 맘과 사춘기 아들이 사는 이야기다.

55세 도로시아는 세계대전 때 공군 파일럿이 되고 싶어서 교육을 받았다. 하지만 학교를 졸업하기 전에 전쟁이 끝나서 파일럿 대신 설계사무소에 입사한 최초의 여성이 된다. 남자들이 우세한 직업 세계에서 실력으로 버틴 그녀는 생활력도 있고, 집수리도 작업복을 입고 직접 한다. 이처럼 혼자서도 씩씩한 사람이지만 열다섯 살 아들 앞에서는 한없이 작아진다.

대공황을 겪은 궁핍한 세대인 엄마와 물질적 풍요를 누리는 아들은 번번이 충돌한다. 음악을 들을 때조차 의견이 엇갈린다. 예쁜 음악을 들으라는 엄마의 의견에 아들은 예쁜 음악은 사회의 부정부패와 정의를 감춘다고 대꾸하며 불협화음이 가득한 하드록을 듣는다. 사춘기 아들과 대화하면 속이 부글부글 끓어올라 엄마는 폭발 직전의 화산 같다. 아들은 엄마에게 따진다. "슬프고 외로우면서 왜 맨날 괜찮대?" 아들도 엄마 앞에서 점점 침묵하고 혼자 있고 싶어 한다.

엄마는 아이가 불행해질까 봐 두렵다. 모든 부모가 그렇듯이, 도로시아는 아들이 자기보다 행복하기를 간절히 바란다. 혼자 아이를 돌보면 그 무게에 짓눌려 외로움과 자책감 속에서 허우적거리기 쉽다. 도로시아도 이번 생이 처음이고, 엄마도 처음이다. 도로시아는 자기만의 해결책을 찾는다. 위층 세입자 애비와 아들의 여자 사람 친구 줄리에게 도움을 청한다.

"남자를 키우려면 남자가 필요하지 않나요?" 줄리가 묻자 "너면 충분해. 제이미를 아끼고 잘 알고 있으니 경험을 나눠줘"라고 도로시아는 말한다. 공통 관심사도 없고 교감을 나누지 못하는데 단순히 생물학적 성만 같은 사람은 도움이 안 된다고 도로시아는 생각한다. 남자든 여자든 제이미를 잘 알고, 제이미를 좋아하는 사람들이 경험을 나눠주면 충분하다고 믿는다.

도로시아의 믿음은 절대적으로 옳다. 잘 자란 사람이란 자기에게 부당한 일이 생기면 무조건 참지 않고 소리 내어 말하는 사람, 타인을 배려하고 타인의 아픔에 공감하며 돕는 사람, 그 반대 상황에서는 도움을 요청하는 '용기'가 있는 사람이다.

도로시아와 반대로 홀로 아이를 키운 아빠 이야기가 있다. 《리스본행 야간열차》로 우리에게 잘 알려진 파스칼 메르시어의 또 다른 매력적인 소설 《레아》에는 딸이 여덟 살일 때 아내와 사별하고, 혼자 딸을 키우는 아빠 마틴이 등장한다. 어릴 적 바쁜 아버지와 교감하지 못한 채 자란 마틴은 딸과 둘이 갑자기 남겨졌을 때 당황한다. 그가 택한 방법은 딸이 좋아할 만한 것을 무조건 해주는 것이다. 그는 딸이 바이올린에 관심을 보이기 시작하자 바이올리니스트가 되도록 무슨 일이든 한다. 스타 대학교수였지만 파가니니 바이올린을 사기 위해 연구비까지 횡령할 정도로 자식에게 그릇된 헌신을 한다.

마틴은 어릴 적 어머니와 아버지 아래에서 자랐지만,

건강한 애착을 배우지 못해 감정 문맹자로 자랐다. 그 결과, 딸에게도 건강하게 관계 맺는 법을 알려주지 못한다. 딸의 것인지 자기 것인지 모를 불안을 잠재우기 위해 일시적이고 강렬한 자극에 이끌려 자기 삶까지 파괴하면서 헌신한다. 이 헌신이 오히려 딸의 삶도 파괴한다. 아빠가 딸의 불안과 초조를 다른 사람과 공유했더라면 어땠을까? 딸의 삶도 아빠 자신의 삶도 구원할 수 있었을 텐데. 아버지 혹은 어머니의 부재 상황에서 '내 탓' 덮은 강박에 가까운 군더더기다. 아이뿐 아니라 인간이라면 누구나 곁에 있는 부모와 가족 외에도 만나는 모든 사람으로부터 배우며 자라니까.

양육 연구에서 엄마와 아빠에 관련된 주제가 다르다고 한다.[*] 엄마 양육은 모자간의 애착 관계, 엄마의 정신 건강 등 상호작용이 아이에게 미치는 영향이 주로 연구된다고 한다. 반면, 아빠가 양육에 참여했을 때의 결과를 연구한 내용은 많지 않다고 한다. 그보다는 주로 아빠의 부재가 아이에게 미치는 영향에 연구 주제가 쏠려 있다고 한다. 아이에게 무관심하더라도 아빠가 존재하는 것만으로

- 김재원, '아빠 양육, 얼마나 중요할까?', 〈정신의학신문〉, 2020년 4월 19일자 기사.

도 좋다는 그릇된 믿음은, 그러니까 사회적 통념이다. 혼자 아이를 키우는 것에 대한 죄책감은 이런 선입견에서 나오는지도 모른다.

감정 문맹인 무관심한 아빠 혹은 아빠를 대신할 남성이 아닌, 감정을 잘 읽고 토닥여주는 '사람'이 아이에게 필요하다는 도로시아의 확신은 우리 모두의 것이 되어야 한다. 이를 위해서는 가족이 아닌 다른 사람에게 도움을 요청할 용기를 모으면 된다. 도로시아 집의 세입자 중 한 사람인 애비는 20대 페미니스트다. 그녀는 자궁경부암으로 투병 중이다. 도로시아는 제이미에게 애비가 병원에 가는 날 함께 있어달라고 부탁한다. 제이미는 그녀에게 무엇을 해주어야 할지 모르겠다고 말한다.

"네가 나름대로 해봐. 못하겠더라도 시도는 해봐야지. 남자들은 여자들을 위해 뭔가 해결해줘야 한다는 강박이 있는데 해결 못하는 것들도 있어. 그냥 옆에 있어줘. 남자들은 왜 그런지 그걸 못하더라."

엄마 말대로 열다섯 살 제이미는 정말로 애비 옆에 있어준다. 아픈 사람 곁에 머물며 시간 내서 귀를 기울여주는 것만으로 충분한 위로인 것을 체득한다. 제이미와 애비는 생물학적 성도 다르고 나이도 다르지만 공감대를 형성하고 친밀해진다. 제이미는 엄마에게 말하지 않는 고민을 애비에게 말하며 정서적 교감을 나눈다. 앞으로 출산이 힘들 거라는 의사의 말을 듣고 애비가 눈물을 흘리자 제이미는 여성의 몸을 공부하기 시작한다. 친구 줄리가 임신을 걱정하자 임신 테스트기를 사다 준다. 아빠 소식이 끊긴 지 10년도 넘어 아빠 그림자밖에 기억이 안 나지만, 그는 엄마와 주변 사람의 관심을 받으며 사랑을 주고받는다. 그러면서 다른 사람을 배려하는 법을 알아가고, 공감을 주고받는 법을 배워간다. 제이미는 사회 구성원으로 건강하게 잘 자라고 있다.

양육의 목표는 하나다. 독립적이고 자기 몫을 잘하는 구성원이 되도록 돕는 것이다. 도로시아는 혼자라서 힘든 게 아니라 인생이 예상대로 흘러가지 않아서 힘들다고 믿는다. 그러면서 우리에게 사이다 같은 위로를 남긴다.

"아무리 힘들어도 괜찮아져. 그래 봐야 또 힘들어지지만."

Chapter. 4

일상에
닻을 내리는
법

사소한 습관이
몸과 마음을 돌본다

▶ **카모메 식당**

원제: かもめ食堂
감독: 오기가미 나오코
출연: 고바야시 사토미, 모타이 마사코, 카타기리 하이리 외
개요: 드라마, 일본, 2007

           한동안 싱글 여성 커뮤니티 게시판에 '4시에 운동하러 나갈 예정이에요' 하는 제목의 글이 보이곤 했다. 나이에 상관없이 닉네임 뒤에 모두 '언니'라고 붙여서 부르는 랜선 커뮤니티다. 글을 올린 사람은 일이 뜻대로 풀리지 않고 반려동물까지 잃은 터라 무기력에 빠진 언니였다. 제주도로 이주한 지 얼마 안 되어 아는 사람도 없고, 찾아주는 사람도 없는 정신적 고립을 마주한 것처럼 보였다. 이 언니는 어느 날부터 커뮤니티의 불특정

다수를 향해 운동하겠다는 다짐을 적어 올렸다. 마음이 힘들면 일상이 도미노처럼 무너지기 쉽다. 마음과 몸은 유기적으로 연결되어 있다. 무기력이 혼자 사는 사람만의 전유물은 아니지만, 집에 돌아왔을 때 차가운 어둠이 반기는 삶을 산다면 사소한 습관이 커다란 위안이 되곤 한다. 가령, 일과 후에 운동이나 따뜻한 반신욕 등 자신을 돌보는 사소한 습관은 컴컴한 터널을 통과할 때 멀리서 보이는 빛과 같다.

〈요시노 이발관〉, 〈안경〉 등을 만든 오기가미 나오코 감독의 〈카모메 식당〉에서 사치에와 마사코는 습관의 힘을 대조적으로 보여준다. 사치에는 핀란드 헬싱키 골목에 작은 식당 '카모메'를 연다. 개업한 지 한 달이 지났지만 찾아오는 손님이 한 명도 없다. 서점 커피숍에서 우연히 만난 미도리가 손님이 안 오면 어떻게 할지 묻는다.

"문을 닫으면 되죠. 하지만 문을 닫는 일은 없을 거예요. 손님이 올 거니까요."

사치에는 웃으면서 대답한다. 체구도 자그마해서 핀란드 사람들 눈에는 어린이처럼 보이는 사치에. 내면의 단단함은 어디서 나오는 걸까? 어째서 그녀는 헬싱키 골목에 식당을 열고, 오니기리를 시그니처 메뉴로 만들려는 야심을 품었을까?

사치에는 어릴 때 엄마를 여의고 집안일을 도맡아 했다. 오니기리는 1년에 딱 두 번, 운동회 날과 소풍날 아빠가 만들어준 음식이다. 연어, 매실 등이 들어간 기본 오니기리로 아이들이 선호하지 않는 재료로 만들었지만, 어린 사치에에게는 가장 맛있는 음식이었다. 사치에는 어릴 적 경험으로 음식이나 커피는 다른 사람이 만들어주는 것이 제일 맛있다고 믿는다. 그러니 다른 사람이 밥을 차려주는 식당에 손님들이 올 것이라고 확신한다.

하지만 그런 믿음과 달리 시간이 흘러도 손님이라곤 공짜 커피를 마시러 오는 일본 애니메이션 덕후밖에는 없다. 식당이 폐업할까 봐 보는 사람이 다 초조할 정도인데, 사치에는 초조해하기는커녕 생글생글 웃는다. 파리 날리는 식당에서 두 손 놓고 무기력한 표정을 짓는 대신 식사 후 계산을 마친 손님이 방금 나간 듯이 빈 테이블을 닦고 또 닦는다. 주방을 하도 쓸고 닦아서 반짝반짝하다. 그뿐 아니라 매일 더 맛있는 빵을 굽는 연습을 하고, 맛있는 커피를 내리는 법을 연구한다. 마치 음식을 주문한 손님이 테이블에 앉아서 기다리는 것처럼 사치에의 온몸에 활기가 넘친다. 마치 우리 집은 맛집인데 손님들이 미처 못 알아본다고 말하는 것처럼. 낙담할 만한 상황에 두 손 들고 포로가 되기를 거절한다. 긍정적인 마음을 두르고 식당 테이블에 손님이 가득할 때를 대비한다. 저녁이면 수영을 하고, 집에서는 무릎 걷기 운동을 평생 해왔다. 하루도 거르지 않는 루틴이다.

사치에의 하루는 손님이 있든 없든 규칙적으로 굴러간다. 자그마한 체구에 깃든 습관은 멘탈을 보호하는 갑옷이다. 마침내 카모메 식당에 손님이 한두 명씩 찾아온다. 한 번 왔던 손님은 음식을 한 입 넣고 눈을 동그랗게 뜨고, 다음 날에도, 그다음 날에도 온다. 마침내 점심시간이면 그녀의 식당은 손님으로 가득하다. 사치에는 일상을 유지하는 단단한 습관 덕분에 자기 연민이나 불안에 휘둘리지 않는다. '하기 싫은 일은 하지 않을 뿐'이라며 간단하지만 '대단한' 일을 이어 나간다.

반면, 마사코에게 습관은 변화를 가로막는 올가미다. 마사코는 20년 동안 병든 아버지를 간호했다. 다시 말해 아버지를 위한 습관만이 몸에 익었을 것이다. 아버지가 돌아가신 다음 날, 마사코는 평생 처음으로 자유로움을 느끼고 핀란드로 날아왔다. 그녀가 많고 많은 나라 중에 핀란드로 온 이유는 무엇일까?

"쓸모없는 일에 열정을 바치는 사람들의 표정이 즐거워 보였어요."

마사코는 TV에서 핀란드 사람들이 허공에서 기타를 연주하는 대회, 사우나에서 오래 버티는 대회 등에 참여하는 모습을 본다. 마사코는 '즐거운 사람들'이 사는 나라에 가면 자기 몫의 즐거움이 기다릴 거라고 믿는다. 하지만 핀란드에 도착해서도 공항 어딘가에서 떠도는 잃어버린 가방의 행방에만 온 신경을 집중한다. 그러다가 우연히 '카모메' 식당을 발견하고 커피를 마시러 들어간다. 사치에는 마사코의 사연을 듣고 묻는다.

　　"짐을 잃어버려서 불편하시겠어요. 중요한 것도 들었을 텐데요. 갈아입을 옷이 필요하면 빌려 드릴까요?"

　　핀란드에 도착한 마사코는 3일째 똑같은 옷을 입은 채 항공사에 전화하는 일 외에 아무것도 하지 않았다. 사치에의 말은 저주를 푸는 마법의 주문이었다. 그제야 마사코는 입을 옷가지만 담긴 가방을 기다리는 습관에서 벗어난다. 옷 가게에서 옷 몇 벌을 산 후 새 옷으로 갈아입고, 무용한 기다림에 마침표를 찍는다. 마사코의 일상은 병든 아버지를 돌보는 시간으로 채워져 있었다. 그사이 자유 시간이 무엇인지 잊었고, 원하는 것에 대해 생각하는 법을 잊었다. 마치 실험실 쥐가 미로에 갇혀 빙빙 돌다가 출구를 못 찾으면 더는 길을 찾지 않은 것처럼 마사코의 습관은 그녀의 삶에서 활기를 앗아갔다.

사치에와 마사코가 보여주듯이 습관은 양날의 검이다. 사치에의 경우처럼 변화로 이끄는 빛인 동시에 마사코의 경우처럼 자기를 가두는 감옥일 수 있다. 습관 속에는 믿음과 가정으로 만든 정체성이 깔려 있다. 이를테면 일주일에 한두 번 운동하거나 글을 쓴다고 운동선수나 작가라고 부르지 않는다. 운동선수는 매일 운동하는 사람이고, 작가는 매일 글 쓰는 사람이다. 정체성은 일상에서 규칙적으로 하는 일에 의해 만들어진다. 사치에는 '식당을 열어서 돈을 벌 거야'라고 다짐하는 대신 '음식 만드는 사람'으로 산다. 반면, 마사코는 '기다리는 사람'으로 산다. 무엇을 기다리는지도 모른 채.

습관은 자연에서 자라는 식물과 그 속성이 비슷하다. 식물은 한동안 자라지 않고 그대로 있는 것처럼 보이지만, 비가 한 번 내리고 햇볕이 충분하면 어느 날 키가 훌쩍 자란다. 대나무는 뿌리를 내리는 데 5년이나 걸린다고 한다. 땅속에 뿌리를 내릴 때는 잘 안 보이지만, 일단 뿌리를 내린 후에는 6주 만에 30미터까지 뻗어나간다. 습관은 대나무 같다. 처음에는 눈에 안 띄지만 시간이 쌓이면 그 사람만의 도드라진 개성이 된다. 사치에가 보여주듯이 좋은 습관은 어려운 상황에서 몸과 마음을 다독인다. 좋은 습관은 모두에게 유익하다. 특히 홀로 삶을 꾸리는 이들이 무기력에 빠질 확률을 줄여준다.

사소한 좋은 습관은 일상의 뿌리를 단단하게 만들어주고, 어느 날 내가 훌쩍 자라도록 도와준다. 올해 새해, 영국 일간지 〈가디언〉에 '인생을 바꾸는 100가지 작은 변화'* 라는 제목의 기사가 실렸다. 깨어났을 때 미소 짓기, 밖에서 운동하기, 도서관에서 책 빌리기, 내적 본능 포용하기, 빨래 더 보기 좋게 개기, 아침에 직접적으로 햇볕 쬐기, 모두를 기쁘게 할 수는 없다는 것을 깨닫기 등 칼럼에서 제시한 인생을 바꾸는 좋은 습관은 거창하지 않다. 이런 사소한 습관들이 내 안에서 일단 자리 잡으면 일상을 흔드는 바람에도 그럭저럭 견딜 수 있다. 바람은 지나가기 마련이니까.

● '100 tiny changes to transform your life: from the one-minute rule to yoga', 〈가디언〉, 2024년 1월 1일자 기사.

잉여짓은 나를 지키는 힘

▶ **비비안 마이어를 찾아서**

원제: Finding Vivian Maier
감독: 존 말루프, 찰리 시스켈
출연: 존 말루프, 비비안 마이어 외
개요: 다큐멘터리, 미국, 2015

"우리는 이곳(스위스)에 오면서 무엇인가를 기대했다. 무엇을 기대하는지 몰랐지만 틀림없이 이런 것, 활기 없는 작업의 나날들, 조용한 저녁들, 변화도 없고 놀랄 일도 없고 희망도 없는 부동의 삶을 기대했던 것은 아니다."●

《존재의 세 가지 거짓말》로 우리에게 알려진 아고타

● 아고타 크리스토프 지음, 백수린 옮김, 《문맹》, 한겨레출판, 2018, 89쪽.

크리스토프의 자전 에세이 《문맹》의 한 구절이다. 작가는 헝가리 출신으로 냉전 시대에 전쟁을 겪고 스위스로 망명해서 프랑스어로 글을 썼다. 조국을 잃고 모국어를 빼앗긴 망명자로서의 슬픔이 행간에 가득하다. 스위스로 망명한 뒤 공장, 장보기, 식사 말고는 달리 생각할 것도 할 것도 없다고 했다. 그녀는 일요일만 기다린다. 모국어로 꿈을 꿀 수 있는 날이라서.

우리는 어떤 면에서 아고타 크리스토프처럼 자기 언어를 잃어버리고 타인이 말하는 언어 세계에 사는 망명자다. 직장 생활을 하면서 버티는 방법은 지름신에게 납작 엎드려 복종하고, 통장 잔고를 두둑하게 채우는 것이었다. 월급의 힘은 한동안 달콤했다. 그 달콤함을 위해 나의 언어를 서랍 깊숙이 넣어두고 다른 사람의 언어로 말하는 데 익숙해졌다.

아고타 크리스토프는 전쟁에서 목격했던 수많은 죽음과 고통, 가족과 헤어진 아픔을 이겨내기 위해 쓰고 또 썼다. 아무도 관심을 보이지 않아도, 서랍에 원고가 쌓여도 쓰고 또 썼다.

우리는 모두 자기 몫의 짐을 등에 지고 태어난다. 월급은 새의 눈물만큼인데 스트레스는 정글을 호령하는 사자만큼 기운이 팔팔하다. 주택담보대출은 갚아도 갚아도 끝이 안 보인다. 힘이 된다고 배웠는데 가족은 오히려 짐만 된다. 지금까지도 혼자 보냈는데 앞으로도 계속 혼자 보낼 시간이 두렵다. SNS에서 사람들은 모두 활짝 웃는데 나만 칙칙한 벽 사이에 갇혀 쭈그리고 있는 것 같다. 정답도 없고 모양도 제각각인 짐을 더는 방법은 딴짓이다. 아고타 크리스토프가 글을 썼던 것처럼 비비안 마이어는 사진을 찍는다. 나는 글을 읽고 사진을 보며 위안받는다.

평생 독신으로 살며 남들에겐 알려지지 않은 딴짓에 몰입한 여자의 이야기를 담은 다큐멘터리 〈비비안 마이어를 찾아서〉. 딴짓 끝판왕인 비비안 마이어의 수수께끼 같은 일생으로 슬쩍 들어가보자. 감독 존 말루프는 비비안 마이어의 작품을 발견하고 그녀의 삶이 궁금해서 뒤를 밟는다. 마이어는 친밀한 가족도 친구도 없이 평생 외톨이였다. 사람과 거리를 두는 대신 물건을 모았다. 필름은 물론이고 일상 용품과 물건, 구매 영수증 등을 모으는 수집벽이 있었다. 수집벽 덕분에 남은 물건들을 통해 비비안 마이어의 삶이 조각조각 드러난다.

그중 핵심은 15만 장이나 찍고도 현상하지 않은 사진이다. 존 말루프는 현상도 안 된 채 보관된 필름 10만 통을 우연히 발견했다. 말루프는 필름을 현상한 후 마이어의 예

술성에 놀란다. 그는 마이어가 그토록 많은 사진을 찍은 동기를 찾아 나선다. 마이어가 처음에 어떻게 사진에 입문했는지는 모른다. 정식으로 사진을 배운 적 없는 마이어는 거리에서 만난 사람들, 당시 거리 풍경을 고유한 시선으로 찍었으면서 왜 현상도 하지 않은 채 필름을 보관했을까? 필름에만 쏟은 돈이 얼마인데.

마이어는 미국 중산층 가정에서 베이비시터이자 가사도우미로 일했다. 일과 중에 아이들을 데리고 산책하는 시간이 있었다. 산책 시간도 엄연한 근무시간이었지만, 마이어는 이 시간에 땡땡이를 쳤다. 거리로 나가면 마이어는 아이들을 돌보는 본캐를 잠시 접어두고 지나가는 사람들과 풍경을 관찰하며 사진을 찍었다. 그 순간 마이어는 사진작가였다. 이는 자기 언어를 포기하지 않고 자기를 지키는 방법이었는지 모른다. 베이비시터로 생계를 유지하되 자기 세계를 사수하는 데 최선을 다한 사람.

이 다큐멘터리에 출연한 인터뷰이는 주로 마이어의 고객, 즉 마이어가 돌봤던 아이들이다. 이제 성인이 된 그들이 기억하는 마이어는 다정하고 배려심 있는 베이비시터가 아니었다. 어릴 적 기억에 기댄 그들의 평가는 주관적이다. 인터뷰이들은 강렬한 한순간의 기억, 특히 유쾌하지 않았던 감정을 회고한다. 그렇더라도 한 가지만은 분명해 보인다. 마이어는 아이들을 돌보는 데 영혼까지 바친 사람은 아니다. 우리가 회사에 영혼까지 바치기를 꺼리듯이 말이다. 마이어는 오히려 딴짓에 열정을 바쳤고, 덕분에 우리는 그녀가 남긴 근사한 사진을 만날 수 있다.

마이어가 아무에게도 보여주지 않으면서 사진 찍기에 그토록 과몰입 한 것은 자기 몫의 짐을 덜고 자기 세계의 시민으로 사는 방법이 아니었을까? 마이어의 프랑스인 할머니는 비혼으로 마이어의 어머니를 낳고 뉴욕으로 건너갔다. 어머니도 뉴욕에 정착해서 마이어의 아버지를 만났고 이내 마이어가 태어났다. 할머니도 베이비시터였고, 어머니는 메이드였다. 직업인으로서 마이어의 정체성에 대해 생각해본다. 마이어는 이민자 2세로 미국 중산층 가정에서 일하는 노동계급이었다. 아이들을 돌보고 바닥을 닦는 청소로 생계를 꾸렸다. 그러는 동안 일이 자기 영토를 다 차지하는 데 반기를 들고 덕질에 필요한 경제적 여유를 누리면서 시간적 자유를 이용했다.

쓸모 있는 결과를 가져다주지 않아도 묻지도 따지지도 않고 시간과 돈을 쏟을 때, 우리는 그것을 '덕질'이라고 부른다. 덕질은 스트레스 호르몬을 날려줄 엔도르핀과 도파민을 분비시킨다. 덕질 대상 하나쯤 갖는 것은 일상의 지혜다. 메마른 삶에 내리는 단비와 같으니까. 현실에서 마이어는 아이들 뒤치다꺼리와 청소를 해야 하지만, 카메라를 메고 거리에 나가면 시선이 멈추는 곳에 발길도 멈춘다. 마음을 사로잡는 피사체에 다가가서 사진을 찍고 또 찍는다. 마치 상사가 출장을 가서 사무실에 없을 때 부하 직원이 눈치 안 보고 홀가분한 마음으로 웹 서핑을 하듯이.

직장 생활을 하면서 자기 언어로 지은 세계의 시민권을 유지하기란 쉽지 않다. 하루 중 많은 시간을 일에 쏟다 보면 내가 속한 조직이나 작업 환경이 원하는 언어에 익숙해진다. 언어는 사고를 지배하기에 나의 세계는 점점 좁아지고, 문득 정신을 차리면 나는 낯선 곳에 서 있다. 비비안 마이어와 아고타 크리스토프가 겪은 정신적 고립은 우리의 이야기다. 두 사람은 각각 다른 방법으로 잉여짓을 하며 자기 세계를 지켜낸다. 이들의 잉여짓은 자신을 통제하는 환경에서 버티는 법이다.

사회생활은 곧 타인이 정한 규범에 따르고 타인이 규정한 세계에서 산다는 말과 동의어다. 여기에 잘 적응한다는 것은 나를, 그리고 나의 세계를 지우는 일이다. 딱 필요한 만큼만 나를 지우고 나의 세계를 완전히 잃어버리지 않으려면 나의 언어를 기억해야 한다. 쓸모없어 보이는 덕질과 잉여짓이 필요한 이유다.

마이어는 '이따 나가서 사진을 찍으면 돼' 하고, 아고타 크리스토프는 '글을 쓰면 돼' 하고 버텼을지 모른다. 나는 '괜찮아, 이것만 끝내면 집에 가서 맥주 마시며 영화 한 편 보면 돼' 하고 중얼거린다. 내가 나를 다독이는 방법이다. '괜찮아, 집에 가서 ○○○을 하면 돼' 하고 도파민이 나오는 잉여짓 한 가지쯤 곁에 두는 것은 '나'로 사는 기술이다. 더불어 사는 세상이 소중한 만큼 혼자만의 세상에서 내 언어를 발산하는 시간 역시 소중하다.

혼밥도 좋지만
단골 식당을 만들어야 하는 이유

▶ **심야식당**

원제: 深夜食堂
감독: 마츠오카 조지
출연: 코바야시 카오루, 타카오카 사키 외
개요: 드라마, 일본, 2015

후쿠오카에 있는 '이치란' 본
점에 간 적이 있다. 후쿠오카의 명물 돈코츠 라멘으로 유
명한 곳이라고 해서 찾아갔다. 매장 밖 키오스크에서 주문
하고 안으로 들어가자마자 다시 밖으로 나왔다. 일본어는
까막눈이지만 다시 간판을 확인했다. 내부가 식당이 아니
라 마치 독서실 같았기 때문이었다. 실내에는 테이블 대신
칸막이가 있는 1인용 책상이 놓여 있었다. 세상에 라멘 먹
는 독서실이라니.

테이블이 아닌 책상에 일단 앉았더니 마주 보이는 앞면은 커튼이 반쯤 내려와 있었다. 앉은 눈높이에서 요리사 엉덩이만 보였다. 일본은 간단한 일상 음식도 고객 맞춤형으로 만들어져 나온다. "우리는 라멘 두 개요" 하면 모든 주문이 끝난다. 그다음에는 음식이 나오기를 기다리기만 하면 된다. 일본은 다르다. 간단한 우동이나 라멘도 면발 선택부터 매운맛의 강도, 국물의 농도, 파나 마늘을 넣을지 여부, 넣는다면 얼마나 넣을지 등 개인의 세세한 취향에 맞춰 음식이 만들어지고 제공된다. 엉덩이만 보이던 요리사가 오지 선다 질문이 빼곡하게 적힌 취향 주문서를 쓱 내밀었다. 아, 철저히 익명을 보장하는 식당이라니! 아무와도 말하지 않고 눈빛도 마주치지 않고 혼밥 할 수 있는 곳. 신기하고 재밌어서 사진을 찍었지만, 곧 이게 밥을 먹는 올바른 방법인지 헷갈렸다.

주문한 라멘이 나와서 한 젓가락 입으로 가져갔다. 요리사의 엉덩이가 눈에 들어오자 면이 목에 걸려서 안 넘어갔다. 동물은 허기를 채우기 위해 밥을 먹지만 사람은 허기만으로 밥을 먹지 않는다. '배는 고픈데 입맛이 없어서 밥을 못 먹겠어'라고도 가끔 말한다. 배가 고픈데 밥을 못 먹을 때 찾아갈 수 있는 식당을 만드는 것은 혼삶에서 일부러라도 개발해야 하는 기술이다.

원작은 만화이지만 드라마와 극장판 영화로도 만들어진 〈심야식당〉. 다른 사람들이 일을 끝내고 잠자리에 드는 시간인 자정부터 아침 7시까지 문을 여는 밥집. '심야식당'으로 불리는 도쿄 뒷골목에 자리 잡은 좁은 식당. 주인장 혼자 운영하고 메뉴라고는 돼지고기 된장국 정식과 사케, 맥주, 소주가 전부다. 손님들은 식당에 들어서자마자 메뉴는 아랑곳하지 않고 먹고 싶은 음식을 말한다. 주인은 못 만드는 음식 빼고는 다 만들어준다. 정해진 메뉴 대신 먹고 싶은 것을 말하는 식당에 단골들이 모인다.

　허름한 이 작은 식당의 단골들은 다닥다닥 붙어 앉아서 밥을 먹는다. 좁은 공간 탓에 회식하는 것처럼 서로 얼굴을 익히고 서로의 이야기를 듣게 된다. 같은 공간에 계속 드나들다 보면 알게 모르게 일상 한 자락을 삐죽 내비칠 때가 있다. 전혀 다른 삶을 사는 단골들은 꺼내기 힘든 일을 저마다 하나씩 가슴속에 품고 있다.

　가족이라고는 할머니뿐인데 가스라이팅으로 노동력을 착취당해 혼자 가슴앓이하는 시골내기 소녀, 부적절한 관계를 끝낸 후 힘들어서 후쿠오카 원전 사고 현장에 매주 자원봉사를 나갔다가 뜻밖의 청혼을 받아서 괴로운 직장인, 전남편의 유골함을 식당에 버리고 간 할머니, 나이 많은 애인이 죽은 후 유산을 기다리는 여자 등 저마다 사연이 있다. 가까이 지내는 사람들에겐 선뜻 털어놓기 힘든 마음의 짐을 깊은 밤 식당에서 밥을 먹으면서 덜어낸다. 배는 채우고 마음은 비우는 단골 식당은 모두의 로망이다.

　매일 밥을 같이 먹는 사람은 대체로 가족이나 동료다. 가족이나 동료와 일상적 거리가 지나치게 가까울 때가 많다. 이들을 피해 홀로 식사하고픈 사람이라면 독서실 같은 식당에 매혹될 것이다. 심야식당은 독서실은 아니지만, 가고 싶을 때 갈 수 있다. 이곳에서는 일상을 공유하는 것이 의무는 아니다. 다른 사람 이야기도 내가 듣고 싶은 만큼만 들으면 된다. 이런 식당, 어디 없나요?

　"언제 밥이나 한번 먹어요" 하는 인사말을 한 번도 안 해본 사람이 있을까? 이 말은 확실한 약속이 아니라 '당신에게 신경 쓰고 있어요'라는 메시지다. 그러다가 진짜로 일부러 만나 밥을 먹으면 두 사람 사이의 거리가 조금 좁혀진다. 우리가 사람을 사귀는 일반적인 방법이다. 우리는 식구가 아닌 사람과 이유 없이 밥을 먹으며 친목을 도모한다. 다시 말해 사회 활동을 한다. 독서실 같은 식당도 필요하지만, 심야식당 같은 단골 식당이 있다면 허풍 한 스푼 얹어서 성공한 인생이라 말할 수 있다.

　홀로 일상을 꾸리다 보면 갓 지어서 따뜻한 김이 모락

모락 피어오르는 밥도 깔깔할 때가 빈번하다. 사정이 있어서 강남역 한복판의 오피스텔에서 한 달 살기를 한 적이 있다. 건물 아래층은 술집을 겸하는 식당들이었다. 처음에는 먹자골목 품에 안겨 있는 곳이라 끼니를 해결하기 좋을 거라고 생각했다. 그런데 웬걸. 어둠이 내리면 불빛과 취객들로 흥청거렸다. 낮과는 다른 얼굴이었다. 낮에 골목은 마치 밭에서 뽑은 지 한참 지난 시든 채소 같았다. 세상의 모든 메뉴가 다 있는 것처럼 보였던 먹자골목 식당들은 잠시 놀러 나가서 흥청망청하기 좋은 곳이었다. 허기가 져서 밥을 먹으러 근처 밥집에 들어서는 순간, 밤에서 깨어나지 못한 비릿한 냄새가 났다. 매일 저녁 고기 불판이 활약하는 테이블은 기름에 찌들어 미끌미끌했다. 밥맛이 뚝 떨어지고 역함이 올라왔지만, 뱃가죽이 등에 붙은 터라 꾹 참았다. 금방 끓인 순두부찌개에서 김이 모락모락 올라왔지만, 식욕이 돌지 않았다. 찌개는 맛만 보고 맨밥만 꾸역꾸역 먹고 서둘러 나오곤 했다. 허기는 가셨지만 살아 있다는 느낌도 같이 사라졌다.

스웨덴의 베스트셀러 작가 헤닝 만켈의 소설 《이탈리아 구두》는 무인도에 12년 동안 혼자 칩거한 남자 이야기다. 남자는 유망한 수영 선수의 팔을 잘못 수술해서 팔을

절단하는 의료사고를 낸다. 그는 잘못을 사과하고 일상을 바로 세우는 대신 세상을 등지고 자신을 철저한 고립 속에 가두며 벌을 준다. 자기 존재를 느끼기 위해 매일 살을 베는 것처럼 차가운 얼음 목욕을 하고 빈곤한 하루를 기록한다. 그러다가 사랑했던 연인이 나타나자 세상으로 조금씩 나온다. 그녀가 등을 떠밀어 마을 사람들과 어울려 밥을 함께 먹기 시작한다. 사람들과 밥을 먹으며 그는 갈망했던 생의 감각을 조금씩 되찾는다. 그동안 얼음 목욕이 주는 통증에서 생의 감각을 얻었다면, 이제 얼음 목욕의 통증이 필요 없어졌다. 그가 그리워한 것은 혼자가 아니라는 느낌이었다.

혼자 먹으면 별맛 없는 음식도 다른 사람들이 폭풍 젓가락질을 하면 어느새 덩달아 젓가락질을 부지런히 하게 된다. 그런 날은 설령 음식을 많이 안 먹었어도 푸짐하게 먹은 착각이 든다. 더불어 내 힘으로 어쩔 수 없는 일도 가벼워질 때가 있다. 밥심은 오늘 잡힌 주름을 다림질하고, 내일 해를 다시 마주할 힘이다. 주말이면 편한 옷 입고 가서 밥 먹으며 시시껄렁한 감정을 좔알대고 싶을 때가 가끔 있다.

동네에 편한 식당은 없지만 집에서 한 시간 거리인 청계산 근처에 종종 가는 국숫집이 있다. 일요일이면 가끔 친구들과 산에 올랐다가 내려와서 들깨수제비, 미나리전과 곁들여 막걸리 한잔을 먹고 온다. 돌아오는 길도 당연히 한 시간. 하지만 한 번도 멀다고 생각한 적이 없다. 들깨수제비와 밀가루 거의 안 쓴 미나리전 때문인지, 아니면 막걸리의 힘인지, 아니면 비혼 친구, 결혼했지만 비혼처럼 사는 친구와 맨날 그 이야기가 그 이야기인 수다를 떨어서인지, 아니면 힘들 텐데도 모든 손님에게 화사하게 웃어주시던 국숫집 사장님 얼굴 때문인지, 나는 부러운 것 없는 하루를 보내곤 한다. '잘 먹었습니다' 인사를 건네고 집에 오는 동안 미소를 짓는다. 단골 식당, 없다면 꼭 하나 만들기를.

사람이 싫어서
지구를 떠나고 싶을 때

▶ **그래비티**

> 원제: Gravity
> 감독: 알폰소 쿠아론
> 출연: 샌드라 불럭, 조지 클루니 외
> 개요: SF, 미국, 2013

▶ **그랑블루**

> 원제: Le Grand Bleu
> 감독: 뤼크 베송
> 출연: 장 마르바, 장 르노 외
> 개요: 드라마, 프랑스·이탈리아, 1993

혼자 사는 사람도 관계의 그물에서 살아간다. 학창 시절의 친구들을 지금껏 관성으로 만나왔다. 서로 다른 환경에서 보낸 시간이 길수록 친구들을 만나면 점점 할 말이 없어진다. 연말 송년회에서 친구들과 어떤 청소기가 좋은지, 찌개에 넣을 고기를 고르는 법 등을 주제로 대토론회를 하고 헤어졌다. 집으로 돌아가는 길에 이 만남을 계속 이어가야 할지 고민하게 된다. 오랜만의 만남이라 약속 장소로 갈 때는 설렜지만, 만남 후엔 오히려 나 혼자 다른 세계에 사는 기분이 들었다. 알맹이가 빠진 것 같은 관습적 우정을 이어가는 것이 귀찮기만 하다.

"지구 600킬로미터 상공의 기온은 -100도와 125도(화씨 -148~258도)를 오르내린다. 소리를 전달하는 매질은 없고 기압도 없으며 산소도 없다. 우주 공간에서 생명체의 생존은 불가능하다." 영하 100도라니 감도 안 잡히는 온도다. 미국 아카데미상 감독상과 촬영상 등 7관왕에 오르고 샌드라 불럭과 조지 클루니가 주연한 〈그래비티〉. 스톤 박사가 절대 고요의 우주에서 혼자 살아남아 탈출해서 지구로 귀환하는 이야기다. 동료들과 함께 출발한 우주 탐사대가 우주 잔해에 부딪혀 그녀를 제외한 탑승자들은 다 우주의 먼지가 되었다.

스톤 박사는 사고로 어린 딸을 잃은 후 지구인의 일상에 애착이 눈곱만큼도 남아 있지 않았다. 커다란 상실감에 갇힌 터라 사람들과 연결된 일상은 무의미하다.

"이봐, 돌아갈래, 여기 있을래? 아, 여기가 좋긴 하지. 그냥 시스템 다 꺼버리고, 불도 다 끄고, 눈을 감으면 모든 것을 다 잊을 수 있잖아. 여기선 상처 줄 사람도 없고, 안전하지. 계속하는 의미가 뭐가 있어. 살아가는 의미가 뭐가 있냐고? 자식을 잃었잖아. 그것보다 더 힘든 게 어디 있다고. 하지만 중요한 건 지금 너의 선택이야."

마지막까지 스톤 박사를 안내했던 코왈스키 박사가 티끌로 우주 속으로 사라지며 남긴 말이다. 스톤 박사는 이제 바랐던 대로 완전한 혼자다. 죽거나 죽지 않거나, 전적으로 자기 손에 달려 있다. 죽는 것은 쉽고 편하다. 아무 것도 안 하면 죽는다. 반면, 죽지 않으려면 온 힘을 다해야 한다. 정신 똑바로 차리고 젖 먹던 힘까지 내더라도 살지 죽을지 모른다. 산소도 부족하고, 탈출선은 손상됐고, 연료도 부족하다. 죽기 딱 좋은 상황으로 '소원 성취'가 눈앞에 있다. 그런데 하나도 기쁘지 않다. 오히려 그 반대다. 버리고 싶었던 일상이 스톤 박사를 자석처럼 끌어당긴다.

스톤 박사는 저녁 시간이면 사람 말소리가 듣기 싫어서 음악만 내보내는 라디오를 들었던 사람이다. 산소 부족으로 의식과 무의식 사이를 오가는 찰나. 무전 통신기에서 중국인들의 말소리를 듣는다. 무슨 말인지 전혀 알아들을 수 없다. 소음처럼 들리는 사람들 말 속에는 아기 울음소리도 섞여 있다. 내용은 중요하지 않다. 지구는 생생한 생명의 소리로 가득 찬 곳이란 사실을 상기하는 것이 중요하다. 스톤 박사가 제거하고 싶었던 일상의 소음이 들린다. 스톤 박사는 남은 힘을 그러모아 소리의 근원지, 다시 말해 생명의 근원지로 돌아가기로 결심한다.

"엄청난 이야깃거리를 가지고 저 밑으로 무사히 돌아가거나, 아니면 10분 안에 온몸이 불타 죽거나. 어찌 됐든…… 어떻게 되든 밑져야 본전이다! 어떻게 되든 엄청난 여행일 거다. 난 준비됐다."

두 손 놓고 죽음에 순응하는 것과 최선을 다해 죽는 것은 완전히 다르다. 살아갈 힘을 빼앗는 것도 살맛 나게 만드는 것도 기술이 아니라 사람이 만드는 일상 소음일지 모른다. 평소에는 번잡하게만 들리던 소음에서 혼자가 아니라는 안도감을 느낀다. 우주는 일출 맛집이자 광활한 고요가 펼쳐진 매혹적인 공간이지만, 절대 고독의 매운맛에 정신이 번쩍 든다. 그러고는 중얼거리게 될지도 모른다. '반드시 살아야겠어' 하고.

크리스마스이브에 지리산 바래봉에 다녀온 적이 있다. 체감온도는 영하 20도가 넘었다. 손발이 꽁꽁 얼고 입술 주변 근육조차 내 마음대로 안 움직였다. 콧물이 코끝에서 바로 얼음으로 변했다. 일시적이고 자발적인 극한 상황에서 벗어나면 삶에 대한 애착이 불쑥 솟구친다. 몸을 극한 상황에 일부러 몰아넣고 괴롭힐 때 쾌감이 없다면 거짓말이다. 사람들은 매운맛 최고 레벨의 얼얼한 날씨와 맞서면서 생의 의지를 다져야 할 동기를 찾는 게 아닐까?

"절박한 적이 있었나요? 저는 절박한 게 뭔지 알아요."

이런저런 이야기 중에 Y가 불쑥 물었다. 얼른 답이 떠오르지 않았다. 매 순간이 절박한데 막상 지나면 다 잊는 편이다. 집에 돌아오면서 '절박'이란 말을 곱씹었다. 계획대로 상황이 흘러가지 않았을 때 절박했을까? 아니, 이런 경우에는 절박이 아니라 무기력했다. 바닷속에서 하마터면 죽을 뻔했을 때가 떠올랐다. 뤼크 베송 감독이 만든 영화 〈그랑블루〉를 본 후 푸른 바다에 매혹됐을 때였다. 돌고래의 친구인 자크가 좋았던 심연의 '고요'를 느끼고 싶었다.

"가장 힘든 것은 바다 맨 밑에 있을 때야. 왜냐하면 다시 올라와야 할 이유를 찾아야 하거든. 물속 깊이 내려가면 바다는 더 이상 푸른빛이 아니고, 하늘은 기억 속에만 존재하고, 남은 것은 오직 고요. 고요 속에 머물게 되지."

제주도 섶섬에서 스쿠버다이빙을 한 적이 있다. 수심 22미터에서 일행은 뾰족 솟은 바위 앞으로 돌았고, 친구와 나는 바위 뒤로 돌았다. 같은 바위였지만 그 앞과 뒤는 다른 세계였다. 바위를 경계로 뒤에는 세찬 조류가 흘렀다. 친구와 나는 앞으로 가려고 버둥거렸지만 일행과 점점 멀어질 뿐이었다. 우리는 조류에 갇혔다. 조류는 겉으로는 전혀 알아챌 수 없지만, 조류 속에 있으면 거대한 힘이 온몸으로 느껴진다. 전진하려고 아무리 발을 차도 조류 쪽으로 우리는 떠내려갔다. 이곳에서 인간의 언어는 쓸모없었다. 우주에 남겨진 코왈스키 박사와 스톤 박사가 그랬던 것처럼.

등에 멘 공기탱크의 공기로는 10분도 채 숨을 쉴 수 없었다. '이제 죽겠구나. 나는 왜 이렇게 무섭지? 영화에서 자크는 하나도 안 무서워하던데.' 처음 느낀 낯선 공포심에 사로잡혔다. 좌표도 잃어버리고 공기 부족으로 곧 질식할 터였다. 순간, 살고 싶은 강한 의지가 솟구쳤다. 출근하면 일 외에는 뇌에서 모든 것을 셧다운 하던 시절, 육체와 정신을 탈탈 긁어대는 일을 잊으려고 바닷속으로 열심히 뛰어들었다. 죽음을 코앞에서 느끼게 되자 그토록 도망쳤던 소란을 잃을까 봐 두려워서 온 힘을 다해 저항했다.

수면 위로 올라가려고 세차게 발을 움직였다. 깊은 물속에서 갑자기 수면으로 올라가면 물속 기압의 변화로 수축되었던 폐가 갑자기 팽창해서 파열되어 죽는다. 스쿠버 다이빙 이론 교육을 받을 때 몇 번이나 숙지한 정보였지만, 긴급 상황에서 공포가 이성과 이론을 삼켜버렸다. 다행히 침착한 친구 덕분에 수심 5미터에서 안전 정지를 한 후 수면 위로 나와 다시 파란 하늘을 보았다.

평소에 '죽음에 이르는 과정에서 겪는 육체적 고통이 두렵지, 죽음 자체는 두렵지 않아'라고 말하곤 했다. 진짜 죽을 뻔한 상황에서 나는 거짓말쟁이였다. 일상의 지긋지긋한 소음과 소란이 제거되면 수심 100미터쯤 되는 바다나 고요한 우주에 갇히는 셈이다. 번잡함도, 권태도, 지긋지긋함도, 소란도 다 일상에 생생함을 더해주는 요소라고 생각하면 너그럽고 애틋해진다.

친구 사귀는 세포를 깨우는 법

▶ **타오르는 여인의 초상**

원제: Portrait de la Jeune Fille en Feu
감독: 셀린 시아마
출연: 아델 에넬, 노에미 메를랑, 루아나 바야미 외
개요: 드라마, 프랑스, 2020

혼자 사는 사람에게 '목적 없이' 만나는 친구는 커다란 정서적 자산이다. 혼자 잘 살려면 경제적 자산만이 아니라 정서적 자산도 절대적으로 필요하다. 우리는 대체로 목적을 가지고 사람을 만난다. 직장 동료들이 대표적이다. 회사는 이윤 추구라는 공동의 목표가 있다. 회사에 다닐 때는 매일 함께 밥도 먹고 술도 마시지만, 퇴사하면 연락이 뜸해지는 이유다. 같은 목표를 추구할 일이 사라지면 연락 횟수도 줄어든다.

학교 친구는 처음부터 아무 '목적 없이' 만난다. 유일한 목적이라면 '통하니까'. 어른이 되면 학교 친구 사귀듯 목적 없이 사람을 만나기 어렵다. 연애 세포만 퇴화하는 게 아니라 친구 사귀는 기술도 퇴화한다. 일부러 친구를 찾아 나서려면 서부 개척 시대의 미국인들이 금광을 찾아 나섰던 것처럼 대단한 결심도 해야 하고 정성도 들여야 한다.

직장 동료였던 C와 10여 년 동안 연락하지 않고 지냈다. 서로 가까운 거리에 살지만, 심리적 거리는 서울과 아바나만큼이었다. 그러다가 몇 개월 전부터 다시 근황을 나누며 지낸다. 침묵의 시간 동안 C에게 일어났던 일을 들었다. 직장을 비롯한 신변에 여러 가지 일이 겹쳐서 견딜 수 있는 임계치를 넘었고, 고속도로 휴게실에서 갑자기 쓰러져서 병원에 실려 갔다. 스트레스로 혈압이 치솟아 갑자기 뇌혈관이 좁아졌다고 했다. 특별한 병은 없는데 말이다. 이때 C의 곁을 지켜준 이들은 동네 친구들이었다.

C는 대체로 큰 소리로 그리고 밝게 먼저 인사를 건네는 편이다. 서글서글함 덕분에 '동네 친구 부자'다. 동네 커피숍 알바생, 네일숍 사장님, 오랫동안 다닌 헬스장에서 사귄 지인들이 모두 그녀의 친구다. 나는 가까워지기 전에 나와 결이 맞는 사람인지 살피는 편이다. 좋게 말하면 신중하고 나쁘게 말하면 까탈스럽다. 내 눈에는 C가 동네 친

구를 두루 사귈 줄 아는 귀재처럼 보인다. 한편으로는 부
럽고 한편으로는 신기하다.

C가 쓰러졌을 때 동네 친구들의 활약이 빛났다. C가
아픈 몸으로 자신을 돌보는 게 버거우리라고 걱정한 사람
은 가족도, 직장 동료도, 학교 친구도 아니었다. 동네 친구
들은 C가 아픈 몸으로 끼니 챙겨 먹을 걱정에 김치와 밑반
찬을 챙겨주었다. 몸이 아프면 마음이 약해진다. C의 동네
친구들은 사소한 챙김도 고마운데 외로운 마음까지 헤아
려 공감과 지지를 베풀었다. C는 혼자였지만 혼자가 아니
었다.

목적 없이 만나는 친구가 자산인 것을 알아도 귀차니
즘이 발목을 붙잡는다. 이해관계 없이 만나는 친구는 먼
나라 이야기로 들리곤 한다. C처럼 먼저 다가가거나 일부
러 친구를 찾아 나서지 않으면서 어떻게 정서적 자산을 마
련할 것인가? 영화에서 힌트를 얻는다.

칸 영화제를 비롯해 세계 여러 영화제에서 각본상과
촬영상을 받은 〈타오르는 여인의 초상〉은 신분이 다른 세
명의 또래 여성이 목적 없이 친구가 되는 이야기다. 영화
배경은 만난 적도 없고, 얼굴도 모르는 사람과 결혼해야
하는 시대다. 신분은 자신의 힘으로 성취하는 것이 아니라

태어날 때부터 정해진다. 엘로이즈는 귀족, 소피는 하녀, 마리안느는 화가다. 세 사람은 신분과 정체성이 다르지만 모두 가부장제에 갇힌 또래 여성이다.

마리안느는 엘로이즈의 초상화를 그리러 왔다. 카메라가 없던 시절, 장래 남편에게 장래 아내가 초상화를 먼저 보내는 풍습이 있었다. 엘로이즈의 언니는 이 관습에 온몸으로 저항했다. 그녀는 바다로 뛰어들어 목숨까지 버리며 결혼을 거부했다. 엘로이즈도 이 관습이 탐탁지 않다. 마리안느는 자신의 그림을 아버지의 이름으로 전시회에 출품한다. 여성 화가나 여성 작가들은 남성 이름으로 자신의 작품을 전시하거나 출판하던 때다. 남성 중심 사회에서 두 사람은 사회적 신분을 떠나 여성이란 이름으로 하나가 된다. 여성이라서 겪는 어려움의 모양은 다르지만, 그 고통을 서로 말하지 않아도 안다.

"우린 똑같은 위치에 있죠. 아주 동등하죠."

마리안느는 엘로이즈를 그리느라 그녀를 오랜 시간 바라본다. 손을 포개고 앉은 모습, 바람에 머리칼이 날리는 옆모습 등 피사체를 관찰하면서 점점 애정을 느낀다. 화가가 자신이 그릴 대상에게 애정을 갖게 되는 건 당연한 일인지도 모른다. 한 사람을 세심하게 관찰하면, 그 사람의 사소한 표정과 버릇을 찾아내기 마련이다. 함께 산책하면서 엘로이즈는 마리안느가 불편할 때 윗눈썹을 올리는 습관이 있음을 알게 된다.

"당신이 나를 볼 때 나는 누구를 보겠어요?"

미묘하고 사소한 표정 변화는 친밀한 사람들 사이에 주고받는 비언어적 정보다. 내 표정을 나보다 더 잘 알고, 내 기분을 더 잘 알아채는 사람이 있다면, 사랑이라고 말해도 괜찮다. 두 사람은 사회적 억압으로 인한 답답함, 읽었던 책 이야기를 나누며 우정 이상의 감정을 나눈다.

엄격한 가부장제와 이성애가 디폴트인 사회에서 동성 간의 사랑은 곧 생존 문제일지도 모른다. 말하지 않아도 자신을 이해하고 공감해주는 사람에게 끌리는 것은 필연이니까. 나는 생물학적으로 성이 다른 연인 사이에서 주고받는 이해와 공감의 깊이에 회의적이다. 다양성의 가치를 보편적으로 인정하는 시대에도 이성애만이 옳다고 외치는 목소리는 여전히 크다. 하물며 마리안느와 엘로이즈가 살던 시기에 동성애자는 추악한 죄인으로 취급당했다.

내가 지금 느끼는 감정을 다른 사람도 똑같이 느낀다고 가정해보자. 따뜻하고 묵직한 무언가가 가슴속에 차오르며 따사로운 햇살이 비추는 바다 위에 여유롭게 누워 있는 것 같다. 하녀인 소피는 엘로이즈의 엄마가 5일간 집을 비우는 동안 엘로이즈와 마리안느의 '특별한 우정'을 지켜

본다. 소피는 두 사람 사이에 흐르는 우정 이상의 감정을 금기로 판단하지 않는다. 가십거리로 삼지도 않는다. 오히려 또래 여성만이 보여줄 수 있는 태도로 포용한다. 신분의 위계를 허물고 셋은 함께 저녁 식사를 준비하고, 같은 식탁에서 밥을 먹고, 서로의 의견을 나눈다. 우리도 잘 아는, 우정을 쌓는 방법이다.

이들은 소피가 원치 않는 임신을 한 사실을 알게 된다. 마리안느와 엘로이즈는 낙태를 힘껏 돕는다. 소피의 의견을 존중하고 따른 결과다. 집 안에서 여러 가지 민간 요법을 동원하지만 실패하고, 셋은 함께 낙태 시술사를 찾아간다. 엘로이즈와 마리안느는 소피를 곁에서 지켜준다. 소피의 두려움은 그때나 지금이나 모든 가임기 여성이라면 외면할 수 없는 두려움이다. 두 사람은 소피가 비혼으로 임신한 사실을 비난하지 않는다.

두 사람이 소피에게 보여준 배려는 개인적 우정 이상이다. 그것은 신분을 초월한 또래 간의 깊은 연대다. 이 연대는 상대방 입장에서 상황을 보는 데서 출발한다. 자기 기준으로 상대를 판단하지 않으며 상대에게 필요한 배려를 하는 것은 쉬운 일이 아니다. 세 사람의 사랑과 우정은 열정적이지만, 시끄럽거나 소란하지 않다.

살다 보면 마음 근육이 흐물흐물해질 때가 있다. 이를테면 내가 아프거나 가족이 아프거나 직장에서 변동이 있을 때 등의 상황이 그렇다. 이럴 때 너덜너덜해진 마음 한 자락을 꺼내놓을 대상이 있는 것만으로도 버틸 힘을 얻는다. 나에게 귀를 기울이되 판단하지 않는 사람이 곁에 있으면 힘든 시간을 통과할 수 있다. 친구를 사귀는 기술은 혼자 사는 삶에서는 더 절실하게 필요한 기술이다. 여러 사람이 아니어도 괜찮다. 한두 사람만 있으면 충분하다. 그런 친구를 얻으려면 나부터 상대의 상황을 판단하지 않으며 그에게 먼저 귀를 기울이고 어깨를 빌려주어야 한다. C와 동네 친구들, 마리안느, 엘로이즈, 소피가 그랬듯이.

로망을 대하는 태도

▶ **미시즈 해리스 파리에 가다**

원제: Mrs. Harris Goes to Paris
감독: 안소니 파비안
출연: 레슬리 맨빌, 이자벨 위페르 외
개요: 드라마, 영국·프랑스, 2022

로망은 '실현하고 싶은 소망
이나 이상'이다. 로망 하나쯤 없는 사람은 없을 것이다. 사
춘기 시절 내 로망은 요트에서 사는 것이었다. 욕망은 매
개를 통해 이루어지고, 내 욕망의 중개자는 맥가이버였다.
주말이면 TV 미니시리즈 〈맥가이버〉가 내 심장을 쥐락펴
락했다. 고장이 난 물건도 경쾌한 음악이 흐르며 맥가이버
의 손만 닿으면 마법처럼 다시 작동했다. 만물박사이자 해
결사 맥가이버가 요트에서 살았다. 성인이 되어서야 내 로

망의 실체를 구체적으로 알게 됐다. 요트는 비싸기도 하고, 어찌어찌해서 사더라도 항구에 정박시키려면 여러 복잡한 행정절차도 밟아야 한다. 게다가 요트 관리 비용은 한 달 치 월급을 훌쩍 잡아먹는다. 월급쟁이가 감당하기에는 버거운 로망이라 나는 요트에서 살고 싶다는 소망을 접었다. 대신 여행만 가면 유람선이란 유람선은 일단 다 타고 본다. 내가 감당할 수 있는 로망의 타협점을 찾은 셈이다.

반사회적이지만 않으면 어떤 로망이라도 환영받을 만하다. 로망을 가슴에 품고 있는 것만으로 도파민이 솟구치니까. 하지만 로망을 진짜로 이루겠다고 나서면 터무니없이 맹목적으로 보일 때가 있다. 내가 요트에서 살려고 구체적인 계획을 가지고 접근했던 것처럼 말이다. 미국 영화 정보 사이트 로튼 토마토에서 신선도 지수 90퍼센트를 받은 〈미시즈 해리스 파리에 가다〉. 제목처럼 미시즈 해리스가 터무니없는 로망을 실현하려고 파리로 간다.

해리스는 전 재산을 다 털어서 디올 드레스를 '사겠다'는 꿈을 꾼다. 드레스를 '사겠다'고 했지, 입겠다고 말하지 않는다. 해리스는 어째서 디올 드레스를 소유할 꿈을 꾸게 됐을까? 영화 배경은 1957년이다. 21세기 언어로 해리스의 상황을 번역하면, 그녀는 최저 시급을 받으며 이

집 저 집을 청소하고 10평 원룸에 월세로 산다. 그런데 전 재산을 긁어모아서 파리 오트 쿠튀르에 가서 디올 드레스를 사겠다는 말이다. 디올 매장의 직원은 묻는다.

"해리스 씨, 여기 온 이유가 뭐죠? 부자와 귀족들이야 보이기 위한 삶이 중요하다지만 댁이 그토록 원하는 디올 드레스를 입고 어디 갈 생각이에요? 그걸 입고 마루를 닦거나 옷장 속에 모셔둘 생각인가요?"

"내 꿈이고 내 돈도 남의 돈과 똑같아요."

직원은 '아무것도 아닌' 해리스가 드레스에 걸맞은 삶을 살 수 없다고 믿는다. 나는 세상에 단 한 벌뿐인 드레스를 갖고 싶은 해리스의 마음이 헤아려진다. 누구나 꿈꿀 자유가 있다. 설령 다른 이로부터 이해받지 못할지라도.

현실에서 삶을 묶고 있던 줄을 놓아버리고 싶은 걸 꾹 참고 어려움을 극복해도 영화처럼 극적인 해피 엔딩이 기다리지 않는다. 극복의 기쁨은 잠시, 시작과 결말도 불분명하고 젖 먹던 힘까지 가져다 쓴 터라 맥이 탁 풀린다.

해리스는 일상에서 멀찌감치 달아나 '다른' 나를 꿈꾸었다. 해리스는 제2차 세계대전에 참전한 남편을 기다리며 청소부로 일한다. 언젠가 남편이 돌아올 거라는 믿음은 힘든 시간을 견디는 강장제다. 남편의 귀환은 곧 '지금과는 다른 미래'를 의미한다. 내가 '이 일만 끝나면 적금을 깨서라도 방콕에 다녀와야겠어. 호텔 수영장 선베드에 누워 느긋하게 오후를 보내야지' 하면서 버티는 것과 비슷한 맥락이다. 고통은 이 오르막만 넘으면 다른 시간이 펼쳐질 거라는 상상 덕분에 그럭저럭 견딜 만하다. 상상 속 다른 시간, 다른 미래가 현재로 성큼 들어오면 어떨까?

남편의 귀환만 기다리던 해리스에게 남편이 죽었다는 소식이 날아든다. 해리스에게 다른 미래를 가져다줄 대상은 이제 디올 드레스가 된다. 그녀는 우여곡절 끝에 '인생 드레스'를 산다. 한 명의 고객을 위한 드레스 피팅 작업은 디올 드레스의 본질이다. 해리스는 피팅 노동자가 되어 일주일 내내 디올 매장으로 출근(?)한다. 드레스의 화려함 뒤에는 사람이 드레스를 모시는 상황이 숨어 있다. 한 땀 한 땀 수작업으로 완성된 드레스의 우아함 뒤에는 부자들의 변덕과 갑질이 꿰매져 있고, 디올의 명성에는 직원들의 강도 높은 감정 노동이 스며 있다. 해리스는 동화 같은 드레스에 어두운 면이 있을 거라고는 생각도 못 했다.

어릴 때 동화책을 손에 잡으면 결말이 궁금해서 후다닥 읽어치우는 편이었는데 책을 덮고 나면 허무했다. 이야기는 대체로 '행복하게 오래 살았습니다'로 끝났다. 고작 10여 년을 산 그때의 내게 '행복', '오래'와 같은 말은 추상적이었다. 꼬마에게 행복이란 흥미진진한 새 이야기를 만나는 것이었다. 규율이 가득한 학교에 가려고 매일 아침 똑같은 시간에 일어나는 고통을 일시정지 하고 싶었다. 동화에서 일상은 괄호로 처리되고 모험만 가득했다. 나도 일상이 생략된 모험 속으로 뛰어들고 싶었다.

해리스도 마찬가지였다. 그녀는 일상을 괄호에 묶어버릴 '무언가'를 원했다. 그동안 남편을 기다리며 흘려보낸 안타까운 세월을 보상해줄 그 무엇. 해리스는 전 재산을 털어 넣은, 사연 가득한 디올 드레스를 가지고 집에 돌아온다. 마침내 로망을 이루었지만 오히려 무기력이 일상을 감싼다. 그녀는 여전히 똑같은 집에 살고 똑같은 일을 한다. 드레스를 입고 청소할 수는 없으니 드레스는 옷장에서 쿨쿨 잠을 잔다.

해리스가 드레스에 바친 시간과 돈은 그럴 만한 가치가 있을까? 꿈을 실현한 후 꿈에서 깨어난 사람은 꿈을 꾸기만 하는 사람과 다르다. 꿈에서 깨어난 사람은 진짜 꿈이 무엇인지 안다. 세상에 단 하나 있는 아름다운 드레스가 옷장 안에 있다고 해도 달라지는 건 아무것도 없다. 디올 드레스가 삶을 바꾸는 게 아니다. 해리스는 드레스를 옷장에 모셔두고서야 드레스에 어울리는 생각을 한다. 부당한 고용주에게 쩔쩔매는 대신 자신의 권리를 소리 내어 말하는 당당함이야말로 '다른' 해리스다.

해리스는 그동안 자신에게 갑질을 한 고객에게 파업을 선언한다. 더는 먼지 같은 존재로 취급당하는 것을 참지 않기로 결심한다.

"우리에겐 꿈이 필요해요. 그 어느 때보다요."

'행복' 또는 '꿈'이란 단어에는 디올 드레스처럼 내 것이 아니라 남의 것 같은 구석이 있다. 행복도 꿈도 자기 언어로 정의할 수 있을 때 실재가 된다. 황보름 작가의 소설 《어서 오세요, 휴남동 서점입니다》의 인물들처럼 말이다. 각자의 언어로 행복을 말할 수 있으면 꿈이 이루어진 셈이다. 서점을 운영하는 영주는 다른 사람을 사랑하느라 자기를 포기하는 대신 사랑을 포기한다. 대신 서점을 꾸리며 벌어지는 어려운 일도 기꺼운 마음으로 한다. 영주에게 행복은 자신을 위해서 '기분이 좋아지는 일'을 하는 것이다. 평범한 직장인 승우는 퇴근한 후 저녁에 글을 쓰면서 시간을 보낼 때 평온을 느낀다. 그에게 행복은 '퇴근 후 혼자 있는 시간을 잘 쓰는 삶'이다. 행복이 내 것이 되려면 영주와 승우가 보여주듯이 일상에서 실천할 수 있는 구체적 일이어야 한다. 나에게 행복은 하루하루 주어진 일을 해내고, 가끔 친구들 만나서 술잔 기울이며 수다를 떠는 것이다. 요트나 디올 드레스를 갖는 것이 아니라. 여러분의 행복은?

Chapter. 5

나이 듦을
이해하고
준비하기

새로운 정신적 가치와 악수하기

위아영

원제: While We're Young
감독: 노아 바움백
출연: 나오미 왓츠, 벤 스틸러, 아만다 사이프리드 외
개요: 코미디, 미국, 2015

어느 날 아침, 거울에 비친 내 얼굴이 낯설었다. 주름이 눌러앉은 눈가와 미간을 한참 봤다. '언제 이렇게 주름이 생겼지?' 며칠 동안 거울을 볼 때마다 주름이 거슬려서 동네 피부과에 가서 상담했다. 의사는 단호하지만 아주 간단한 해결책을 제시했다. "표정 주름을 없애려면 보톡스밖에 없어요." 살다 보면 가끔 이성을 잃을 때가 있다. 무슨 배짱인지 보톡스를 맞기로 했다.

눈가와 미간 주름이 흔적도 없이 펴지는 신세계였다.

대신 웃을 때, 보이지 않는 끈이 눈가를 잡아당기는 느낌과 친해져야 했다. 신기해서 거울을 자꾸 들여다보니 이번에는 이마와 턱 주름이 보였다. '턱에도 원래 주름이 이렇게 많았나?' 주름이 사라져 탱탱해진 눈가와 대비되어 더 도드라져 보였다. 손으로 이마와 턱 주름을 잡아당기며 보톡스의 효과를 시뮬레이션하다 갑자기 헛웃음이 났다. '내가 지금 뭐 하고 있는 거야. 이러다 보톡스에 중독되겠네.'

우리는 모두 한때 젊다. 하지만 젊음의 절정일 땐 젊음을 모른다. 젊음이 떠난 후에야 젊음을 그리워한다. 젊음이 대체 무엇이길래. 우리가 붙잡고 싶은 젊음은 외모에 쏠려 있다. '동안이세요'라고 덕담을 주고받는다. 군살을 나잇살이라고 부르며 꼬집는다. 하루 종일 운동하고 식단 관리하는 사람에게 부지런하고 '젊게 산다'고 찬사를 보낸다. 젊음을 닮으려고 애쓰는 것을 젊게 산다고 착각한다. 미국 저널리스트이자 작가인 에릭 와이너는 《소크라테스 익스프레스》에서 진정한 나이 듦의 문화가 없다고 지적한다. 멋진 중년, 근사한 시니어라고 불리는 사람도 젊음에 '절박하게' 매달리는 젊음의 문화만 있다고.

중년이 되면 부정하고 싶어도 체력의 질이 변한다. 머리카락이 빠지고 피부가 늘어지는 것은 물론이고, 고지혈

증과 지방간 진단을 받고, 관절이 삐걱거린다. 벤 스틸러와 나오미 왓츠가 출연하는 영화 〈위아영〉은 40대 초반의 부부 조쉬와 코넬리아가 노화를 마주하고 좌충우돌하는 코미디로 노화를 어떻게 맞이할지 질문을 던진다.

부부는 슬금슬금 곁으로 다가오는 노화를 부정하고 젊음을 좇는다. 부부는 즉흥적인 즐거움을 누리는 청년 커플에게 홀딱 반한다. 청년은 관계든 상황이든 선입견 없이 그대로 받아들이면서 새로운 것을 시도하고 때론 실패한다. 그렇게 실패도 하고 상처도 받으면서 다른 상황으로 나아간다. 서툴러도 또 시도하는 것은 청년의 특권일지 모른다. 조쉬와 코넬리아는 청년의 특권을 탐한다.

부부는 '회춘 프로젝트'에 돌입한다. 청년 부부를 따라가서 힙합을 배우고, 자전거를 타고 도로를 질주하고, 환각제를 먹고 자아를 만나는 독특한 의식에 참여한다. 청년처럼 옷을 입고, 청년들과 어울리며 청년 놀이와 활동에 참여한다. 청년의 겉모습을 모방해서 젊음을 되찾을 수 있다면 우리 사회는 노화를 걱정하지 않아도 될 것이다. 세상이 청년으로 가득할 테니. 힙한 옷을 입고 젊은이들 사이에서 힙합을 배우고, 자전거를 타고 난 후에 부부를 기다리는 것은 관절염 재발이다. 환각제를 복용하는 파티에서 자아를 만나고 온 다음 날에는 두통이 인사를 건넨다.

20대처럼 옷을 입고 20대가 사용하는 속어를 쓰며 놀고 난 후에야 자신들이 더는 20대가 아니라는 사실을 뼛속까지 깨닫는다.

몇 년 전 요가원에서 가끔 마주쳤던 한 회원의 얼굴이 가끔 떠오른다. 표정은 50이 훌쩍 넘어 보이지만 다림질한 것처럼 주름을 빳빳하게 편 피부였다. 표정에 어울리는 주름이 없으니 어색했다. 그녀는 화려한 네일에 나이 든 표정과 이질적인 최신 유행하는 코트를 걸쳤다. 머리부터 발끝까지 젊음을 모방한 옷차림이었지만 이상하게 젊음이 더 멀리 있는 것처럼 보였다. 오히려 돈을 잔뜩 들인 생색만 났다. 표정도 나이를 먹는다. '자본으로 이룬 젊음'은 표정에 생기까지 불어넣진 못했다. 오히려 이유를 알 수 없이 화난 표정이라 그 기운이 묻을까 봐 멀리 떨어져 지나가곤 했다.

얼굴 주름과 달리 생각과 사고에 자리 잡은 주름은 주의를 기울여야 보인다. 중년 조쉬는 청년 제이미가 다큐멘터리를 연출하는 새로운 방법에 반기를 든다. 모두가 새롭다고 관심을 보이지만 조쉬는 탐탁지 않다. 그가 알던 방식이 아니기 때문이다. 조쉬는 청년의 아이디어를 맹렬히 비판한다. 건설적인 비판이 아니라 자기 경험에 갇힌 것처럼 보인다. 결국 한물간 다큐멘터리 감독이 반짝이는 아이디어를 가진 청년 감독에게 질투하는 모양새가 되고 만다.

한때 내가 믿고 따르던 직업윤리나 기준도 시대가 바뀌면 변했다. 변하지 않는 것은 아무것도 없다. 두 손에 움켜쥐었던 가치를 내려놓지 못하면 발광하는 중년으로 추락하고 만다. 진짜 젊음은 외모가 아니라 새로운 가치를 수용하는 유연성에서 나온다. 정신도 나이가 듦을 인정하고 새로운 정신적 가치와 악수할 줄 아는 사람이 젊게 사는 게 아닐까. 타인의 조언에 노여워하기 전에, 내가 알던 방식을 큰 소리로 주장하기 전에, 한 번쯤 다시 생각해보는 사람이 진짜 멋진 중년이다. 젊음은 새것을 받아들이고 해석하는 능력이니까. 자기 가치관과 신념이 곧 법이 되면 말 안 통하는 고집 센 노인 당첨이다. 그러면 주변 사람들을 쫓아내고 외로운 노년을 보내게 된다. 자신이 알고 있고 경험한 것이 절댓값이라고 주장하면, 아무리 동안일지라도 젊다고 할 수 없다.

서울의 한 노인복지관에서 여행 인문학을 강의한 적이 있다. 개강 첫날 1층 로비에 들어서니 헬스장이 보였는데, 7090 이용자들로 붐볐다. 어르신들의 활기로 넘쳐 바깥 세계와 전혀 다른 세계였다. 강의실이 있는 3층 복도에는 포켓볼 당구대 2대가 있었다. 남녀 어르신들이 그곳에서 삼삼오오 포켓볼을 치고 있었다. 어깨가 굽고 움직임이 느릿느릿하지만, 당구대 주변에 큐대를 들고 모여 있었다. 창가에는 이들을 구경하는 어르신들이 앉아 있었다. 그때까지 나는 노인을 무기력과 동의어로 보았던 것 같다. 수강생이 한 분 두 분 강의실로 들어오셨다. 몇몇 어르신들이 모여 툭툭 나누는 말들로 강의실이 웅성거렸다. "위암으로 수술한 후 2년 동안 집에만 있었는데 이러다 폐인이 될 거 같아서 복지관에 다니기 시작했어요." "내가 팔십에 큰 수술을 해서 죽는다고 했는데 살아났어." 중요한 비밀을 누가 들을까 봐 소곤거리셨다.

'이러다 폐인'이란 말에 깜짝 놀랐다. 이 말은 청년, 적어도 중년의 입에서 흔히 나오는 말 아닌가. 이제 칠순인 어르신이 무언가를 배우고, 자신을 탐색하며 자립하는 삶을 꾸리려는 태도를, 그전까지 나는 상상해본 적이 없다. 어르신의 꼿꼿한 정신에서 주름 대신 젊음이 보였다. 사물이나 현상에 대한 호기심, 배움에 대한 욕구는 젊음의 짝꿍이다. 우리는 신체 노화를 늦추는 데는 적극적이지만, 정신적 젊음을 가꾸는 데는 상대적으로 게으르다. 주름의 깊이, 근육의 강도 등으로 신체적 젊음을 측정하듯이 정신적 젊음도 수치로 측정할 수 있다면 어떨까?

생활 동반자로
잔잔하게 산다는 것

▶ **인생 후르츠**

원제: 人生フルーツ
감독: 후시하라 켄시
출연: 츠바타 슈이치, 츠바타 히데코 외
개요: 다큐멘터리, 일본, 2018

연애가 심박수를 올리는 이벤트로 가득할 거라는 환상을 품기엔 나는 세상의 때가 많이 묻었다. 운명의 인연이 어딘가에서 나타날 거라고 믿기에도 너무 많은 것을 안다. 해피 엔딩인 로맨틱 코미디도 거의 안 본다. 대책 없는 낭만이 와닿지 않기 때문이다. 관계 특히 애착 관계에서 필연인 감정의 롤러코스터를 타고 오르내리기엔 체력도 부족하고 의지는 더 부족하다. 결혼이나 연애에 대한 로망도 없다. 이번 생은 홀로 마칠 마음

준비를 차근차근 그리고 단단히 한다. 그럼에도 20, 30년을 함께하며 시련의 감옥에서 탈출해서 얼굴 주름 하나하나에 동지애가 묻은 커플을 보면 부럽다. 젊은 커플이나 비혼은 모르는, 너덜너덜한 세월의 외투를 입고 서로 다름을 수용하는 한 커플을 안다.

이들은 몇 년 전까지만 해도 서로를 등에 둘러멘 물을 잔뜩 먹은 솜 덩어리로 여겼다. 매일 서로의 행복 대신 악담을 나누던 부부다. 감정적으로 최악이었을 때는 저녁에 집에서 얼굴을 마주치면 건네는 인사말이 "아직도 안 죽고 살아 있어?"였다고 한다. 날이 밝으면 던지던 말은 "오늘은 꼭 죽어." 웃으며 희화해서 전달하는 이 짧은 문장을 처음 들었을 때, 내 마음에서 대지진이 일어났다. '헉, 뭐라고요?'

이 말은 부부가 험한 감정 골짜기를 헤매고 건넜다는 뜻이다. 부부는 고통의 골짜기에 고립되어 서로를 참고 견딘 시간을, 이제 술자리에서 안주로 풀어놓는다. 서로의 안녕 대신 죽음을 바라던 시간을 건너온 부부에게는 남녀 간의 사랑을 초월한 특별함이 있다. 바로 인생의 거친 파도를 함께 넘은 '생활 동반자'라는 감각이다.

두 사람은 각자의 세계에 홀로 서서 상대를 죽도록 미워했다. 그것도 꽤 긴 시간 동안. 그럼에도 아이를 키워야 하고, 따로 사는 것보다 생활비도 절약되기에 가족이란 이름으로 한 지붕 아래 살았다. 경제적 이유로 함께 살기를 택한 부부는 현재 다른 국면을 맞았다. 이제 둘은 서로의 다름에 200퍼센트 적응해서 이를 수용한다. 서로 할퀴며 상처 주고 피를 흘리는 전쟁을 수없이 치른 결과, 지금은 그 상처가 오히려 전리품처럼 반짝인다. 상처의 흔적 덕분에 관계가 단단해졌다. 골짜기를 넘고 거친 파도에서 풀려나 마침내 햇볕 잘 드는 평온한 해안가에 도착한 생존자들처럼 서로의 의견을 존중하며 오순도순 지낸다. 이 부부를 보며 생각한다. 결혼 생활은 습관도 성격도 다른 사람 둘이 함께 살면서 피 터지게 싸우고, 여기저기 상처로 너덜너덜해졌다가 마침내 해탈에 이르러 미소를 짓는 과정인 건가.

65년 동안 함께 산 노부부의 모습을 담은 다큐멘터리 〈인생 후르츠〉. 90세 츠바타 슈이치 할아버지와 87세 츠바타 히데코 할머니는 결혼 전에 혼자 살았던 세월보다 함께 산 세월이 더 길다. 젊은 시절에 지나온 사건들이 영화에서는 생략되었을지라도 인생 굴곡이 없을 리 없다. 두 사람은 격한 감정을 흘려보내고 생활 동반자로 잔잔하게 산다. 노부부의 하루는 단출하다. 끼니마다 소박하지만 따뜻한 밥상을 정성껏 차려서 먹고, 계절을 품은 마당을 작은 숲으로 가꾼다. 서로 맡은 역할을 충실히 해내고, 때로는 서로의 역할을 보완하면서 따로 또 같이 지낸다. 두 사람이 50년 동안 살고 있는 집에서 50종의 꽃과 70종의 채소를 심고, 물을 주고, 열매가 맺힐 때까지 기다린다. 대화를 많이 나누지 않더라도 서로에게 필요한 것을 채워준다.

할머니는 할아버지가 하겠다는 일에 단 한 번도 반대한 적이 없다고 말한다. 그저 "생각이 있겠지"라고만 받아들였다. 21세기 시선에서 보면 지나치게 순종적인 아내라고 삐딱하게 볼 수도 있지만, 그보다는 반려자에 대한 배려라고 보고 싶다. 반려자 사이에 주도권 투쟁이 무슨 의미가 있나. 가사 노동의 노예가 되길 거부하면서 '졸혼'도 하는 시절이지만 할머니는 식성이 전혀 다른 할아버지 밥을 준비하면서 그런 생각을 하지 않는다. 할머니는 아침 식사로 토스트 한 쪽이면 충분하지만 할아버지가 좋아하는 반찬 몇 가지와 밥을 끼니마다 새로 한다. 할머니는 감자를 안 먹지만 할아버지가 제일 좋아하는 감자 크로켓을 정성껏 만든다.

두 사람의 기질적 차이에도 불구하고 오랫동안 부부가 평화롭게 지내는 힘은, 각자의 역할에 충실한 데서 나온다. 할머니는 식사 준비를 자기 역할로 받아들이고, 할

아버지는 할머니의 주문대로 집을 꾸미는 소품들을 다 만들어준다.

할머니가 할아버지에게 무조건 순종만 했다면 〈인생 후르츠〉 같은 다큐멘터리도 만들어지지 않았을 것이다. 부부라고 해도 각자 좋아하는 것이 다르고, 할 수 있는 일과 역할도 다르다. 노부부는 상대의 다름을 따지며 바꾸는 게 아니라 오히려 다름을 수용하며 존중한다. 이런 태도가 생활 동반자 관계를 단단하게 지탱한다. 이들이 함께 사는 집 구석구석에 다른 취향이 스민다. 노부부는 일상을 유지하는 데 필요한 땅만 주거 공간으로 사용한다. 나머지 공간은 숲으로 가꿔 초록을 잃어버린 도시에서 그들만의 숲을 가꾼다. 새들을 위한 옹달샘으로 쓰이는 수반을 숲에 놓으면 새들은 그곳에 와 물을 마시고 노래를 들려준다. 계절이 바뀌면 문창호지를 새로 바른다. 씨앗을 심고 물을 주고 돌보며 열매가 맺히기를 기다린다. 마음을 쏟아 돌보면 시간이 흐른 뒤 뜻밖에 열매를 얻듯이 노부부는 '주면 받게 되는' 대자연의 섭리를 두 사람의 관계에도 적용하며 몸으로 실천한다.

상대에게 먼저 받아야 그제야 주는 옹졸함은 마음을 가난하게 만든다. 또 관계에서 가성비를 따지면서 효율에만 집착하면 마음이 병든다. 다름을 배려하며 '인생 사건'의 모퉁이를 돌 때마다 협력하는 생활인이 되는 것이야말로 쉬워 보이면서 어렵다. 화려하지도 않고, 어제가 오늘 같고 내일도 오늘 같을 나날들. 분초 단위를 다투는 속도 사회를 사는 우리에게 그날이 그날 같은 단조로운 평온은 비현실적이고 낭만적이다.

노년의 사랑은 이성과 생물학적인 케미가 폭발하는 사랑이 아니다. 친구 부부와 〈인생 후르츠〉의 노부부가 보여주었듯이 서로 다르더라도 생활인으로서 서로의 보폭을 맞추려는 마음 씀씀이가 곧 노년의 사랑이다. 생활 동반자는 사랑하는 연인보다 더 얻기 힘든 존재다. 애써서 노력한 후 보채지 않고 기다려야 얻을 수 있다. 계절의 흐름을 즐길 줄 알고, 바깥 속도가 아니라 내면의 속도에 귀 기울이며 몸을 직접 움직여 하나하나 만들어가는 일상이야말로 쉽게 얻기 어려운 행복이다.

나와 다른 타인을 버텨볼 기회와 시간이 내겐 여전히 충분하다. 하지만 누군가와 보폭을 맞추며 인생의 골짜기와 모퉁이마다 버틸 힘이 내게 있는지는 확신이 없다. 이번 생에는 자신이 없고, 다음 생에는 상대를 버티는 기술을 연마해보고 싶다. 지인 부부가 보여주었듯이 이해할 수 없더라도, 또 이해하고 싶지 않더라도 타인을 버틴 후에

맺는 열매는 탐나니까.

바람이 불면 낙엽이 떨어진다.

낙엽이 떨어지면 땅이 비옥해진다.

땅이 비옥해지면 열매가 열린다.

차근차근, 천천히.

요양원에서도 삶은 계속된다

▶ **남과 여: 여전히 찬란한**

원제: Les Plus Belles Années d'une vie
감독: 클로드 를르슈
출연: 아누크 에메, 장 루이 트린티냥 외
개요: 드라마, 프랑스, 2020

요즘 친구들 모임에 나가면 부모님 건강이 화두다. 수명이 길어져서 부모님이 곁에 계신 시간이 늘어난 것은 말로 다 표현할 수 없는 축복이지만 대체로 그 시간은 노환과 함께한다. 특별히 큰 병이나 지병이 없어도 부모님의 건강은 예전과 다르다. 퇴행성 관절염, 안과 질환, 혈관 질환 등으로 수술하는 일도 생긴다. 인지력도 차츰 쇠퇴해서 치매 초기부터 중증 치매까지 다양한 스펙트럼의 인지력 퇴행을 겪는다. 노환의 공통점은 운동 능력이 둔해지면서 인지력도 함께 퇴화하는 것이다. 이런 변화는 부모님을 고집 센 노인으로 만든다. 내 부친만 해도 인지력은 좋지만 귀가 어두워서 대화하려면 소리를 질러야 한다. 그러다 보니 대화를 잘 안 하게 되고, 묻는 말에 단답형으로 말하게 된다. 그러다 보면 무시당하는 기분이 드시는지 쓸데없이 고집을 종종 피우신다.

특별히 지병이 없어도 팔순을 맞이하고 90세를 넘기면 움직임은 점점 둔해진다. 부모가 자식을 키우며 자신의 어린 시절을 환기하듯이 부모님의 노화를 곁에서 지켜보면서 내가 맞이할 노화를 상상한다. 내가 80이 되고 90이 되면 어떻게 될까? 게다가 나는 혼자다. 곁에서 나를 돌봐줄 사람이 없는 게 항상 마음에 걸린다. 하지만 이런 생각은 옳지 않다. 자식은 노화에 결박당한 부모를 얼마나 살뜰히 보살필 수 있을까?

우리 세대는 부모에게 받은 게 많지만, 부모에게 받은 만큼 돌려주는 세대는 아니다. 친구 부모님 두 분이 치매 중증이다. 노령의 부부끼리 사는데 아버지는 데이케어센터에 다니신다. 아침에 갔다가 저녁에 돌아오시는데 두 끼 식사는 데이케어센터에서 드신다. 요의를 느끼지만 반응 속도가 느려서 화장실에 가는 중에 옷에 실수도 하신다. 어머니는 아버지보다 상태가 더 안 좋지만 데이케어센터에 가는 것도, 집에 간병인이 오는 것도 거부하신다. 친구는 외국에 살아서 부모님을 계속 보살펴드릴 수 없는 상황이다. 잠시 귀국해서 부모님을 보살폈지만, 친구가 돌아가고 나면 부모님은 식사도 제대로 못 챙기실 뿐 아니라 실수한 대소변을 제때 치울 수도 없다. 이런 상황에서 가장 좋은 선택지는 요양원처럼 보인다.

하지만 친구 어머니는 요양원 생활을 완강하게 거부하신다. 그 속마음을 정확히 알 순 없지만 요양원에 대한 부정적 인식도 한몫할 것이다. 요양원에서 돌봄을 받는 것이 과거에는 자식에게 홀대당한 사람이라는 낙인이었다. 폐기되어야 마땅한 시선이지만, 내 부모님 세대는 여전히 요양원이나 양로원에서 돌봄받는 것을 수치로 여긴다. 가족이 있는데 짐스러운 취급을 받는다고 생각한다.

내 세대는 부모님의 노환을 돌보는 마지막 세대일지도 모른다. 우리 내면엔 부모님이 우리에게 바친 헌신에 대한 부채감이 있다. 치매 노인을 돌보려면 내 일상을 포기할 각오를 해야 한다. 노화로 생긴 병은 아무리 정성껏 돌봐도 좋아지지 않는다. 젊을 때 병에 걸리면 시간이 흐르면서 차츰 회복하는 것과 다르다. 내 일상을 포기한 시간이 쌓이고 쌓여도 부모님의 회복은 요원하다. 노환을 돌보는 것이 경제적으로나 심리적으로 지치는 이유다. 우리 세대는 이를 경험한 터라 자식에게 짐이 되고 싶은 마음을 처음부터 접는다. 대신에 요양원 혹은 실버타운 정보를 적극적으로 알아본다. 우리는 한때 누구나 젊은이였듯이 누구나 노인이 될 것이다.

우리는 지금껏 요양원에 대해 어두운 이미지만을 주로 접했다. 요양원 하면 우울하고 불만족에 찌든 괴팍한 노인만 떠오른다. 〈남과 여: 여전히 찬란한〉은 다르다. 〈남과 여: 여전히 찬란한〉은 1966년 영화 〈남과 여〉를 만든 프랑스의 감독이 만들었다. 〈남과 여〉를 보지 않은 사람이라도 OST는 한 번쯤 어디선가 들은 적이 있을 것이다. '따라라 따라라라 따라라 따라라라' (모르겠거든 유튜브 검색을!)

〈남과 여〉의 두 주인공은 50년 후 노인이 되어 다시 만난다. 장 루이는 알츠하이머를 앓아 요양원에서 산다. 걷지 못해서 휠체어에 앉아 생활한다. 안느는 노르망디에서 작은 가게를 운영한다. 객관적 사실만 들었을 때는 우울한 노년이다. 하지만 쯧쯧쯧, 혀를 차기 전에 요양원의 삶을 다르게 바라볼 필요가 있다. 죽을 때까지 내 손으로 끼니를 챙기고, 내 두 발로 가고 싶은 곳에 가는 것이, 내가 바라는 이상적 삶이다. 하지만 노환의 방문을 받지 않는 노인은 없다. 이럴 때 어떤 선택을 할지 고민해볼 만하다.

요양원에서 물리적으로 편리한 단체 생활을 할지, 아니면 집에서 적절한 도움을 받으며 물리적으로는 조금 불편하지만 심리적으로 안정감 있는 생활을 할지.

옆 나라 일본은 이미 수년 전 초고령화 사회로 진입했다. 젊은 사람이 노인들을 돌보기에는 사회에 노인이 더 많다. 노인들 저마다의 사정이 다른 터라 집에서 죽음을 맞이하고 싶은 사람들을 국가에서 돕는다고 한다. 아픈 노인은 다소 불편하더라도 살던 집에 계속 살면서 방문 요양보호사의 도움을 받고, 숨을 거두는 것이다. 이는 고령 노인에게 나쁜 선택지가 아닌 것처럼 보인다.

노환은 완치될 수 있는 질병이 아니다. 병원 생활을 오래 한다고 해서 나아지지도 않는다. 요양원에서 죽음을 맞이한다고 해서 비참한 것도 아니다. 노년의 우울은 노년을 우울하게 바라보는 사람에게 찾아오는 것일 수 있다.

클로드 를르슈 감독은 80세에 〈남과 여: 여전히 찬란한〉을 만들었다. 감독 자신이 노인이므로 누구보다 노년이 겪는 육체적 노화와 감정을 잘 알 것이다. 굵은 주름과 잔주름이 합주하는 얼굴엔 검버섯이 피어오른다. 어깨는 굽고 키가 줄어든다. 하지만 신체가 늙는다고 해서 감정마저 쭈글쭈글하진 않다. 극 중에서 비록 장 루이가 안느를 못 알아볼지라도 그가 안느에게 느끼는 감정은 여전히 총천연색이다. 치매로 기억의 질서가 뒤죽박죽되더라도 가장 좋았던 시절로 돌아갈 때도 있다. 기억의 질서가 뒤엉키고, 망각이 시작되어도 긍정적 감정이 모두 사라지진 않는다.

장 루이는 요양원에서 비교적 쾌활하게 지낸다. 노인의 개성이 담긴 농담도 하고, 싫은 것에는 화도 낸다. 또 그에겐 방문객도 찾아온다. 그중에 젊은 시절의 연인 안느도 있다. 장 루이는 휠체어를 타고 외출해서 즐거운 추억을 만든다. 곧 그 기억도 잊겠지만 말이다. 영화에서 루이는 다시 만난 안느에게 설렘을 느낀다. 50년 전, 꽃다운 나이에 두 사람은 너무 사랑해서 서로를 이해하지 못해 헤어졌다. 이제 안느는 장 루이를 만나러 갈 때 소녀처럼 가슴이 뛴다고 말한다. 둘이 처음 만났던 도시, 도빌에 대해 이야기하고 아이들이 어렸을 적을 회상한다. 과거에 그녀는 젊고 예뻤지만 질투로 불안했다. 늙음은 자신의 젊음에조차 거리를 두며 이야기할 수 있게 만든다.

"나한테 왜 이렇게 잘해주는 거죠?"

장 루이가 묻는다.

"가슴이 뛰어서. 장 루이와 과거의 자신을 이야기하는 것이 즐거워서요."

영화의 원제처럼 노년은 '인생의 가장 아름다운 시절

Les Plus Belles Anne'es d'une vie'로 찬란하다. 다만 우리가 아는 것과는 다른 방식으로 찬란하다. 대화하면서 감정을 공유할 수 있는 사람을 만나면 가슴이 따뜻해지는 것은 남녀노소 똑같을 것이다.

90세 정도가 되면 정신도 쇠락한다. 하지만 그렇다고 해서 우리가 상상한 것처럼 모두 우울의 포로가 되어 숨만 쉬며 살진 않는다. 세월을 입은 육체는 어쩔 수 없어도 마냥 죽음만 기다리진 않는다. 최근 요양원 종류도 다양해지는 추세다. 비교적 건강한 노인들이 모여 살도록 편의는 제공하면서 독립성은 보장하는 주거 형태도 생겼다. 단단히 마음의 준비를 하고 계획도 세우면 혼자 맞이할 노년이 결코 비극만은 아닐 것이라고, 나를 다독인다.

기억의 질서가 무너질 때

▶ 더 파더

원제: The Father
감독: 플로리안 젤러
출연: 앤서니 홉킨스, 올리비아 콜맨 외
개요: 드라마, 영국·프랑스, 2021

▶ 스틸 앨리스

원제: Still Alice
감독: 리처드 글랫저, 워시 웨스트모어랜드
출연: 줄리안 무어, 알렉 볼드윈 외
개요: 드라마, 미국, 2015

"메밀묵~ 찹쌀떡" 같은 소리와 더불어 어릴 때 들었던 추억의 소리가 있다. "카-알 갈아요, 칼- 갈아요." 까마득하게 잊었던 소리였다. 언제부터인가 우리 동네에서 "카-알 갈아요, 칼- 갈아요" 하는 소리가 들린다. 아득한 소리에 어린 시절 기억이 떠올랐다. 과거에는 부엌칼이 지금처럼 다양하지 않았고 자주 바뀌지도 않았다. 커다란 숫돌을 가진 사람이 동네에 오면 어른들은 무뎌진 칼날을 벼리려고 모였다. 지금은 집집마다 작은 숫돌을 가지고 있거나 칼이 무뎌지면 새로 산다. 모양도 예쁘고 기능도 좋은 칼이 많아서 칼 가는 사람을 기다릴 이유가 없다.

소리가 나는 곳을 찾아 두리번거렸다. 아파트 후문에 난 인도에 '칼 갈아드립니다'라고 쓴 낡은 푯말이 보였다. 그 옆에 칼 지갑이 펼쳐져 있었다. 한눈에 보기에도 낡고 지금은 더는 쓰지 않는 칼들이었다. 30년도 더 된 것처럼 보이는 낡은 녹음기에서 '칼 갈아요' 소리가 흘러나왔다. 1미터쯤 떨어진 곳에 체구가 자그마한 노인이 앉아 있었다. 낡은 셔츠를 입고 볼캡을 쓰고 있었다. 매번 비슷한 복장이다.

그를 매일 볼 수 있는 것은 아니다. 일주일 한 번 볼 때도 있고, 몇 주 동안 못 볼 때도 있다. 그를 볼 수 있는 날이 정해진 것은 아니지만, 볼 때마다 늘 똑같은 장소에 앉아 있다. 노인에게 가서 칼 가는 사람을 아직 본 적이 없다. 노인의 출현을 출근이라고 부르는 게 어색하지만, 그는 왜 다른 곳이 아닌 우리 동네에 출근할까? 그는 오지 않는 손님을 왜 기다릴까?

내가 추측한 그의 과거는 이렇다. 노인은 아마 소싯적 칼 가는 일을 했을 것이다. 우리 동네가 그를 리즈 시절로 데려다주는 타임머신일지도 모른다. 칼 가는 사람들이 많아서 호황을 누렸을 때 그의 주 영업 무대가 우리 동네였을 것이다. 우리 동네는 지금처럼 공동주택 단지 숲이 되기 전인 20, 30년 전만 해도 야트막한 산을 배경으로 한 허름한 주택 단지였다. 노인의 기억은 가장 활기차게 일하며 총기가 짱짱했던 때로 돌아가서 멈춘 것이 아닐까? 알츠하이머로 기억을 잃는다는 것은 모든 기억이 백지화되는 게 아니다. 자신이 기억하고 싶은 부분만 기억하는 것이다. 노인의 기억은 흐트러지기 전 어디쯤에서 멈추었을 것이다.

기억은 본래 시간 순서도 아니고 연속성도 없다. 기억의 질서는 왜곡을 기반으로 한다. 모든 기억은 왜곡이라고 했다. 어제 일어난 일만 해도 그렇다. 우리는 인상적인 부분만 편집해서 확대하여 머릿속에 저장해둔다. 이때 '좋아서', '싫어서' 등과 같은 감정이 개입해 무엇을 저장할지 사건이나 상황을 선택한다.

노화로 기억의 질서가 흐트러지는 것도 크게 다르지 않은 것을 보여주는 영화가 있다. 세계 각종 영화제에서 남우주연상과 외국어상 등을 받은 〈더 파더〉에서 노인 앤서니는 알츠하이머를 앓고 있다. 그는 자신만의 고유한 기억 체계 속에서 산다. 알츠하이머를 소재로 다루는 영화는 많다. 기존의 영화들이 알츠하이머 환자의 입장보다 그 가족이나 주변 지인들에게 초점을 맞추었다면 〈더 파더〉는 알츠하이머 환자의 심리에 초점을 맞춘다. 덕분에 알츠하이머를 앓는 환자의 기억 체계를 이해하고 그 마음을 헤아릴 수 있다.

우리는 시공간을 선형적으로 받아들이지만 앤서니는 다르다. 앤서니는 자신이 머무는 시공간의 질서를 새로 짠다. 그는 간병인의 돌봄을 받았지만 간병인과 싸운 후 딸의 집에 산다. 혼자 지낼 수는 없기 때문이다. 이는 인과관계가 분명한 과거다. 하지만 앤서니는 과거와 현재를 잇는 능력을 잃어버렸다. 그의 내면에선 딸집이 자기 집이 됐다가 돌연 낯선 사람의 집이 된다. 사위도 문득문득 낯선 사람이 된다. 때론 둘째 딸이 사고로 죽기 전의 시간에 머문다. 그의 기억 속에서 딸은 살아 있기에 둘째가 어디 있는지 묻는다. 앤서니는 과거와 현재를 자유자재로 넘나든다. 틈만 나면 과거가 현재로 침입한다. 이런 경향이 심할 때는 그가 새롭게 창조된 시공간에 머무는 시간이 길어진다.

부적절한 때에 앤서니가 잊고 있던 과거가 한 조각씩 툭 튀어나온다. 심지어 집 안에 늘 있던 물건의 위치도 갑자기 달라 보인다. 물건이 언제부터 그 자리에 있었는지, 앤서니 시점에서 시공간을 따라가다 보면 영화를 보는 우리도 같이 시공간의 미로에 들어가서 헤맨다. 앤서니가 지금 보는 것이 어느 시간에 속한 것인지 우리도 모른다. 딸 앤을 비롯해서 사위, 간병인 모두 이 낯선 시간 체계를 이해하지 못한다. 앤서니는 자신만의 시간 감옥에 갇힌 영혼을 본다.

"난 누구지? 바람에 잎을 다 잃어버린 거 같아."

기억의 질서가 제자리에 있더라도 노화는 복잡한 감정을 불러오는 것 같다. 엄마는 자신의 늙음을 이렇게 말한다.

"너희들이 어릴 때는 너희가 무슨 말을 해도 아무렇지 않았어. 근데 이제 조금만 뭐라고 해도 내가 늙고 힘이 없어서 무시하는 거 같아."

"우리가 어릴 때는 엄마가 우리 보호자였으니까 그렇지. 이젠 우리가 다 커서 엄마를 보호하려고 하는 건데 왜 자꾸 무시한다고 생각해?"

"몰라, 자꾸 그런 생각이 들어."

인지력도, 판단력도 흐려지는 노화가 당황스럽다는 말을 엄마만의 방식으로 말했다. 기력이, 팔다리의 움직임이, 눈이, 예전 같지 않은 것을 혼자 겪고, 이를 위로받고 싶어 하는 엄마의 제스처를, 나는 본 척 만 척한다. 자식은 늙어가는 부모에게 절대적 지지와 공감을 얼마나 보낼 수 있을까?

〈스틸 앨리스〉에서 언어학 교수인 앨리스에게 알츠하이머 진단은 곧 죽음과 같다. 그녀는 알츠하이머를 받아들이는 데 적극적이다. 알츠하이머 환자들 앞에서 기억상실에 대해 연설한다.

"목표를 상실하고 잠을 상실하지만 기억을 가장 많이 상실하죠. 그것들이 제게 가장 큰 재산이 됐죠. 이제 모두 사라져 갑니다. 한때 우리의 모습에서 멀어진 우린 우스꽝스럽습니다. 스스로에 대한 우리의 인식도 바뀝니다. 우린 바보처럼 무능해지고 우스워집니다. 하지만 그건 우리가 아닙니다. 우리의 병이죠. 여느 병과 마찬가지로 원인이 있고 진행되며 치료법이 있을 수 있습니다. 기억을 못하는 저 자신을 질책하곤 하지만 행복과 기쁨이 충만한 순간도 있습니다. 제가 고통받는다고 생각하지 마세요. 애쓰고 있을 뿐입니다. 이 세상의 일부가 되기 위해서 예전의 나로 남아 있기 위해서죠. 순간을 살라고 스스로에게 말합니다. 제가 할 수 있는 건 순간을 사는 것과 스스로를 너무 다그치지 않는 것, 상실의 기술을 배우라고 스스로를 몰아붙이지 않는 것. 오늘 이곳에서의 기억이지만."

앨리스의 말은 고단한 과거를 간직한 모두의 마음을 어루만진다. 어떤 모습이든 스스로를 몰아붙이지 말 것. 기억을 잃어가는 노인만을 위한 말이 아니다.

죽음의 자기 결정권

▷ **아무르**

원제: Amour
감독: 미하엘 하네케
출연: 장 루이 트린티냥, 에마뉘엘 리바, 이자벨 위페르 외
개요: 드라마, 프랑스·오스트리아·독일, 2012

　　　　　　　　　교통사고로 발목 인대가 파
열되고 발가락뼈가 으스러져서 두 발을 수술하고 꼬박 두
달 동안 병원 생활을 한 적이 있다. 수술 직후에 의사는 침
대에서 꼼짝 말라는 처방을 내렸다.

"조금이라도 발을 바닥에 내디디면 괴사가 생기는 부
위를 다치셨어요. 지금 발을 쓰면 다시는 못 걸을 수 있어
요. 2주 동안은 화장실도 가면 안 돼요."

못 걸을 수 있다는 말에 놀라서 2주 동안 부기가 덜 빠

진 두 다리를 머리보다 높게 들고 침대에 누워서 24시간을 보냈다. 평소에 눕기는 내 취미이고 특기였지만 종일 반듯하게 누워 있는 것은 온몸이 아플 정도로 고통스러웠다. 게다가 누워서 생리 현상을 해결해야 했다. 방광이 신호를 보내면 간병인이 대야를 내 엉덩이 위치에 놓아주고 병상 커튼을 닫았다. 뇌는 요의도 지배해서 처음에는 소변이 안 나와서 참았다. 하지만 계속 참을 수는 없는 노릇이었다. 차츰 적응했지만, 매번 의식을 누르고 누워서 방광을 비우는 데는 시간이 걸렸다. 문제는 큰 볼일이었다. 차마 누워서 거사를 치를 수는 없었다. 열 발걸음 정도 떨어진 화장실에 가는 일은 히말라야 등반을 떠나는 것처럼 비장했다. 부축을 받아 휠체어에 앉아서 화장실로 이동하고, 변기에 도착해서도 앉았다 일어서는 데 안간힘을 쓰는 번거로운 절차를 매일 한 번씩 치렀다.

아무런 생각 없이 반사적으로 했던 단순한 일상생활이 도전적인 과제로 여겨지는 나날이 이어졌다. 그럼에도 두 달 후에 깁스를 풀면 다시 괜찮아지리라는 생각으로 버텼다. 미래에 보장된 '명확한' 희망의 끈 덕분에 사소한 일상적 분투를 계속할 수 있었다.

갑작스러운 사고로 인한 흔적은 시간이 흐르면 해피엔딩을 맞이한다. 하지만 노화로 인한 질병은 다르다. 회복이나 완치를 기대할 수 없다. 초고령화 사회에서 죽음에 이르기까지 대체로 질병이 끈질기게 개입한다. 노화로 생긴 병은 도미노 같다. 한번 쓰러져서 움직이지 못하게 되면 먼저 근육이 무너지고 그다음에는 인지력도 무너진다. 살아 숨 쉬고 보호자가 동의하는 한 연명 치료를 받지만, 그 상태를 살아 있다고 말할 수 있을까? 심장이 뛰고 숨을 내쉰다면 의학적으로는 살아 있다고 할 수 있겠지만, 침대에 누워서 꼼짝도 못한다면 삶에서 전격 소외된다. 이런 상태가 지속될 때 우리는 누구를 위해, 무엇을 위해 뜨는 해를 맞이해야 할까? 이는 나처럼 홀로 늙어가는 사람에게는 가장 두려운, 그러나 피할 수 없는 화두다. 미치 앨봄의 에세이 《모리와 함께한 화요일》에서 모리는 루게릭병으로 죽음에 매일 조금씩 다가간다. 모리는 모두가 죽는다는 것은 알지만 자기가 죽는다고 믿는 사람은 없다고 말한다. "죽을 거란 걸 알면 언제든 죽을 준비를 할 수 있으며 사는 동안 자기 삶에 더 적극적으로 참여하며 살 수 있거든."•

칸 영화제 황금종려상, 아카데미상 국제영화상을 받은 영화 〈아무르〉는 '죽음의 자기 결정권'을 행사한 노부

• 미치 앨봄 지음, 공경희 옮김, 《모리와 함께한 화요일》, 살림, 2017, 110쪽.

부 이야기다. 죽음을 스스로 결정하는 것은 2023년 기준으로 스위스를 비롯한 유럽의 몇 나라를 제외하면 대부분의 나라에서 아직까지 불법이다. 어느 날 갑자기 아내가 뇌졸중으로 쓰러지면서 노부부는 생을 마무리하는 문제와 만난다.

단정하고 우아한 피아니스트였던 아내 안느가 식탁에 앉아서 숟가락조차 못 들지만, 남편 조르주는 아내를 살뜰히 돌본다. 그도 노인이다. 거동이 불편해서 자기 외에 누군가를 돌보는 일이 버겁다. 노인이 노인을 돌보는 상황은 불편하고 위태롭다.

노부부가 보내는 하루는 이렇다. 아내에게 밥을 한 숟가락이라도 더 먹이려고 실랑이를 벌이고, 어릴 적 이야기를 나누곤 한다. 명민한 아내는 이제 더는 없다. 어디를 보는지 알 수 없는 멍한 눈, 언어를 잃어서 짐승의 언어처럼 단순한 의성어로 불편함을 전달하는 아내를 남편은 고통스럽게 본다. 아내의 상태는 빠르게 나빠진다. 처음에는 대화도 했지만, 곧 혼자서는 아무것도 할 수 없게 되고 대부분의 시간 동안 침대에 누워 있다.

노부부 사이에는 함께 보낸 세월 속에 쌓인 책임감, 연민, 사랑, 동지애 등이 섞인 연대감이 있다. 남편은 아내가 치르는 신체적, 정신적 전쟁에 참전할 수밖에 없다. 이들의 주변 사람들은 노인의 쇠락을 공감하기엔 너무 다른 세계에 산다. 젊은이들은 노화의 갑작스러운 횡포를 재앙으로 본다. 자식을 비롯한 가족과 지인, 간병인도 "어쩌다 이렇게 됐어요?" 하고 묻는다. 위로와 염려를 담은 질문이지만 당사자들에게는 폭력적이다. 아픈 사람은 하루아침에 약자의 위치로 추락한다. 보편적 '정상성'에서 이탈한 사람이 된다.

병원에서 퇴원한 후에도 몇 달 동안 잘 걷지 못해서 일상생활이 힘들었다. 건널목을 건널 때도 중간쯤 가면 보행 신호가 바뀌었다. 보행 신호는 건강한 사람의 보행 속도에 맞춰져 있음을 깨달았다. 내 두 발로 걷지 못하는 상태는 단순히 불편한 상태가 되는 것 이상이다. 몸을 내 마음대로 쓸 수 없으면 모든 것에서 소외된다. 존재 자체에 회의감이 들고 감정도 불편한 몸에 지배받는다. 한동안 나는 우울의 포로였다. 그때의 경험 이후 나의 가장 강렬한 소망은 부자가 되는 것도, 젊어지는 것도 아니다. 건강하게 살다가 '곱게' 죽는 것이다. 숨을 거두는 마지막 날까지 내 몸을 자유롭게 쓰며 정신이 또렷하기를 갈망한다. 젊을 때처럼 감각이 민첩하지 않더라도 몸을 움직여 밥을 해 먹고, 두 발로 걸어서 집 앞 공원을 산책하고, 영화를 보고,

책을 읽고 이해할 수 있기를 바란다.

하지만 안느에게 뇌졸중이 예고 없이 들이닥친 것처럼 질병은 누구에게나 갑자기 찾아올 수 있다. 노인성 질병은 진행하는 속도를 늦출 순 있지만, 완치란 없다. 퇴행 속도를 늦추는 것이 과연 치료일까? 만일 치료라면 그것은 누구를 위한 치료일까?

안느는 잠깐씩 정신이 돌아올 때마다 격렬한 내적 고통을 겪는다. 남편에게 짐이 되는 고통, 인간으로서 존엄을 지키지 못한 고통. 안느는 언제 끝날지 모르는 고통에 마침표를 찍어달라는 간절한 눈빛을 보낸다. 조르주는 베개로 안느의 얼굴을 덮는다. 안느는 경련을 일으키며 버둥대다 잠시 후 고요함 속으로 들어간다. 영원히.

나는 전적으로 조르주의 편이지만, 죽음의 결정권을 허용하지 않는 사회에서 조르주의 남은 생은 어떻게 될까? 아내에게 마지막 선물로 공인되지 않은 죽음을 준 남편은 앞으로 어떻게 살아갈까?

죽음의 결정권을 멋지게 행사한 선구자가 있다. 스위스 태생의 프랑스 영화감독 장 뤼크 고다르는 60년대 프랑스 누벨바그를 이끌고, 노년에도 영화를 만든 현역이었다. 그는 2022년, 91세의 나이로 삶을 끝내기로 결심하고,

스위스에서 조력 자살을 했다. 프랑스 일간지 〈리베라시옹〉 보도에 따르면 가까운 가족 중 한 사람이 "그는 아픈 게 아니라 삶에 몹시 지쳤다. 그래서 끝내기로 결심했다. 그리고 이것이 알려지는 게 중요했다"라고 말했다.

고다르 감독이 영면한 후에 프랑스에서는 조력 자살에 대한 토론회가 열렸다. 고다르는 2014년 칸 영화제 기간에 "너무 아파서 휠체어에 앉아서 끌려다니고 싶지 않다"라고 스위스 TV에 출연했을 때 말한 적이 있다.• 나도 그렇다. 감각과 운동 신경이 작동하지 않을 때 삶의 낭떠러지에 악착같이 매달려 있고 싶지 않다. 그때 가서는 삶의 끈을 붙잡고 늘어질지도 모르겠으나 지금 생각은 그렇다. 치료란 이름으로 실행되는 여러 가지 연명 치료는 심장이 멈추는 것을 막을 뿐이다. 뇌는 이미 정지했지만, 심장만 뛰는 생리적 생존이 전혀 반갑지 않다.

존재 자체만으로 힘을 주는 사람도 물론 있다. 이를테면 산소호흡기에 의지하며 중환자실에 누워 있는 부모의 경우는 다르다. 어린아이들에게 부모란 세상에 있는 것 자체만으로 엄청난 힘이 되는 존재다. 하지만 노령에 나처럼

• 'Jean-Luc Godard chose to end life through assisted dying, lawyer confirms', 〈가디언〉, 2022년 9월 13일자 기사.

혼자인 사람은 그저 누워서 산소호흡기에 의지할 이유가 없다. '나를 돌볼 수 없으면 어쩌지?' 막연한 두려움이 가슴 한구석에 있었는데, 고다르 감독의 선택이 대안을 제시했다. 삶을 마감하는 시기를 직접 선택한다면, 삶도 정리하고 죽음도 준비할 수 있으니 불안도 잦아들 것 같다.

살아 있는 장례식을 꿈꾸며

▶ **코코**

원제: Coco
감독: 리 언크리치
출연: (목소리) 안소니 곤잘레스, 가엘 가르시아 베르날 외
개요: 애니메이션, 미국, 2018

비혼 친구가 퇴사를 망설이는 이유를 이야기한 적이 있다.

"그만두면 지금 월급만큼 못 벌어서 망설이는 건 아니야. 그거야 내가 덜 쓰면 되니까. 걱정은 다른 데 있어. 부모님 돌아가셨을 때를 생각하게 돼. 내가 퇴사하면 빈소를 찾는 이들이 친구들밖에 없을 텐데. 나는 사람을 좁고 깊게 사귀잖아. 친구가 많은 것도 아니라서."

나는 깜짝 놀랐다. 한 번도 생각해본 적 없는 이유였

다. 한편, 전혀 무시할 수 없는 말이라 고개를 끄덕였다.

친구는 다른 사람의 시선에 휘둘리는 사람도 아닌데 장례식장은 붐벼야 마땅하다는 믿음을 가졌다. 조문객의 숫자로 고인의 인생 완성도를 가늠하는 암묵적 기호에서 자유롭지 못하다. 장례식장 입구에 커다란 화환이 줄지어 버티고 있는 모습, 조문객의 분주한 발길을 떠올린다. 이 풍경은 남아 있는 가족 중심에서 본 장례 풍경이다. 나처럼 후손 없이 홀로 사는 사람의 장례식과 사후는 어떨까? 내가 숨을 거둘 때쯤이면 친구들과 지인들도 하나둘씩 세상과 작별할 텐데. 이 세상에 내가 존재했던 흔적조차 없어진다고 생각하면 어깨가 축 처진다.

미국 아카데미와 영국 아카데미를 비롯해 많은 영화제에서 장편 애니메이션상을 받은 〈코코〉는 '죽은 자의 날'이 배경이다. 멕시코에는 고인이 된 조상을 기리는 기념일인 '죽은 자의 날'이 있다. 매년 10월 31일부터 3일 동안 이어진다. 제단에 조상의 사진을 걸고, 해골 모양의 장식물, 멕시코 국화, 고인이 좋아했던 음식이나 물건들을 올린다. 우리가 '기일'이라고 부르며 고인이 살아 있을 때 좋아했던 음식을 차려서 고인의 넋을 기리는 제사와 비슷하다. 고조할아버지의 피를 이어받아 가수가 되고 싶은 꼬마 미구엘이 자신의 꿈을 반대하는 가족을 피해 저승에 들어가서 벌이는 모험 이야기가 펼쳐진다.

영화에서는 저승에 사는 유령이 이승으로 연결된 다리를 건너가서 가족과 지인이 차린 음식을 즐긴다. 그 과정이 마치 축제처럼 묘사된다. 단, 이 축제에 참여해서 즐기려면 조건이 있다. 고인을 기억하는 사람이 잊지 않고 이승에서 그의 사진을 걸어줘야 한다. 아무도 기억해주는 사람이 없는 유령은 죽은 자의 날 축제를 즐기지 못하고 저승에서 또 한 번 죽는다. 해골만 남은 영혼은 공기 중으로 소멸하는 운명을 맞는다. 이럴 수가! 그러면 두 번 죽는 셈이다.

"내 제사상은 누가 차려주나"란 말을 듣고 자랐다. 영화가 개봉했던 2018년, 토요일 저녁에 혼자 영화를 보고 카페에 들러서 차를 마셨다. 가슴에 찬바람이 불었다. 영화적 허구였지만 혼자 사는 사람은 죽은 이들의 세계에서조차 가족 중심 문화에서 자유롭지 않다니. '이제라도 가족을 이뤄야 하는 게 아닐까' 하고 생각했다.

"살아 있는 자들의 땅에서 널 기억하는 사람이 더 이상 남아 있지 않다면, 넌 세상에서 사라지는 거야."

영화 대사가 그날 밤 잠자리에까지 따라왔다. 가족이 없는 사람은 죽어서도 외로운 사람이라는 영화적 상상력은 우리의 현실에 뿌리를 두었다. 본질을 보지 못한 채 분위기에 휩쓸려 초조할 때가 있다. 정말 나를 기억해줄 사람이 없어 쓸쓸한 죽음을 맞이해야 하는 걸까?

장례식장에 다녀온 싱글들은 마음에서 우러나온 말을 한다.

"내가 죽으면 장례를 치러줄 사람도 울어줄 사람도 없어서 슬퍼요."

서른 무렵에 친구들이 결혼으로 하나둘씩 다른 길을 가기 시작할 때처럼 장례식장에 다녀오면 장례식을 치러줄 가족이 없다는 생각에 위축되곤 한다. 혼자 살다가 사망한 사람에게 사회는 '무연고'라는 분류표를 붙인다. 혼자 살면 죽은 후까지도 걱정해야 하는 분위기를 털어내고 싶다.

장례식은 고인을 추모하는 의미 있는 의식이지만, 고인이 죽은 후에 이루어진다. 즉, 정작 고인은 배제되는 의식이다. 가족이나 친구, 지인들을 만나지도 못하고 그들이 자신을 어떻게 기억하는지도 알 수 없다. 그러고 보면 장례 의식은 남은 가족을 위한 의식에 더 가깝다. 장례 의식이 세상과 마지막 작별을 하는 사람을 위한 방향으로 바뀌면 좋겠다.

삶을 살아가는 태도에 대한 조언은 많은데 죽음을 맞

이하는 자세와 마음가짐에 대한 가르침은 상대적으로 부족하다. 우리는 곧잘 죽음을 삶의 영역이 아니라 삶의 바깥 영역으로 여긴다. 하지만 죽음도 분명 삶의 한 부분이고, 내가 책임져야 할 과정이다. 자신이 눈감을 날짜를 정확히 알 수 없음에도 불구하고, 죽음을 준비하는 과정을 삶의 한 부분으로 편입시킨 적극적인 사람들의 이야기를 읽었다.

영국 일간지 〈가디언〉에 '살아 있는 장례식'을 치른 다섯 명의 인터뷰* 기사가 실렸다. 죽음을 터부시한 가정에서 자란 건강한 사람이 마흔 살 생일에 저녁을 먹으며 죽음에 대한 이야기를 나누고 싶어서 살아 있는 장례식을 열었다. 이들 중에는 유방암 말기 환자, 백혈병 말기 환자만이 아니라 87세의 비교적 건강한 노인도 있었다. 살아 있는 장례식은 전통적 장례식처럼 규정되거나 합의된 절차가 없어서 각자 좋아하는 방식으로 절차를 계획하면 됐다. 어떤 사람은 세 시간 동안 움직이지 않고 죽음 체험을 하는 동안 초대한 친구들이 자신을 추모하는 말을 들었다. 또 다른 사람은 장례식 초대장에 자신에 대한 추억 나무

•   'I didn't realise I was so loved': the people hosting their own 'living funerals'', 〈가디언〉, 2024년 1월 28일자 기사.

태그를 같이 넣어 보냈다. '장례 파티'가 끝난 후에 그 태그를 모아 크리스마스트리처럼 거실에 걸어두고, 친구들이 남긴 자신에 대한 기억을 읽곤 했다. 청력을 잃어가는 노인은 집 과수원에서 파티를 열고 어머니의 요리책을 손녀들과 함께 보며 이야기를 나누기도 했다.

저마다 살아 있는 장례식을 연 이유도 다르고 그 절차도 다르지만, 모두가 입을 모아 말했다. 살아 있는 장례 의식을 통해 자신이 사람들에게 얼마나 사랑받는지 알게 됐고 더불어 사람들과 연결된 기분을 느꼈다고. 죽을 때 필요한 것은 바로 이런 기분일 것이다. 살아 있는 동안 나를 기억해준 사람들이 있기에 나는 고립된 채 죽는 게 아니라 연결된 채 살았다는 행복한 기분 말이다. 눈을 감을 때 필요한 것은 내가 죽은 후에 눈물을 흘려줄 사람이 아니라 사랑받았다는 느낌일 것이다.

기억해줄 가족이 없다는 슬픔도 실은 가족중심주의 문화가 만든 슬픔일지 모른다. 비혼으로 평생 살다 보면 결혼식이나 장례식 등 지인들에게 공식적으로 초대장을 보낼 일이 없다. 그렇다고 꼭 이런 의식을 치러야 하는 것은 아니지만, 혼자 사는 사람에게도 즐겁게 치를 만한 공식적 문화가 있으면 좋겠다. 나는 팔순이 되면 지인들을 한꺼번에 또는 소그룹으로 불러 함께 밥을 먹으며 공유했던 시간을 추억하고 인생을 정리하는 시간을 갖고 싶다.

학창 시절 종업식 날, 노트에 그 친구에 대한 짤막한 인상을 적는 노트를 학급 전체에 돌리는 것이 유행이었던 적이 있다. 일종의 롤링 페이퍼였다. 종업식을 마치고 집에 돌아오면 친구들이 써준 롤링 페이퍼를 읽곤 했다. 노트에는 내가 모르는 내가 담겨 있었고, 1년 동안 한 번도 말을 해본 적 없는 같은 반 친구의 짤막한 마음도 읽을 수 있었다. 어른이 되면 바빠서 그런 건지 하찮다고 생각해서인지, 이런 사소한 의식에 무심해진다. 롤링 페이퍼는 어른에게도 필요하다.

인지력에 빨간불이 켜져서 기억이 셧다운되기 전에 장례 의례도 직접 정하고 싶다. 요즘에는 '사전장례의향서'를 작성하면 된다고 한다. 화장 후에는 수목장을 하고 싶다. 살아 있는 장례식에서 들은 지인들의 다정한 말을 간직한 채 고요히 혼자 세상을 떠나서 나무와 함께 살아간다. 햇볕이 내리쬐면 해를 쬐고, 비가 오면 비를 맞고, 바람이 불면 바람을 맞으며 자연과 함께 호흡한다. 내 곁을 지켜주는 태양과 나무가 있으니 죽은 후에도 외롭지 않다. 더 바랄 게 있을까? 세상과 이별 여행 계획을 구체적으로 세우기만 해도 불안이 걷힌다. 나중에 마음이 바뀔지는 모르겠지만, 지금은 그렇다.

혼자가
두렵지 않다면
거짓말

혼자가 두렵지 않다면 거짓말

© 김남금

초판 1쇄 인쇄 2024년 6월 20일
초판 1쇄 발행 2024년 6월 25일

지은이 김남금
펴낸이 오혜영
교정교열 한아름
디자인 조성미
마케팅 한정원

펴낸곳 그래도봄
출판등록 제2021-000137호
주소 04051 서울 마포구 신촌로 2길 19, 316호
전화 070-8691-0072
팩스 02-6442-0875
이메일 book@gbom.kr
홈페이지 www.gbom.kr
블로그 blog.naver.com/graedobom
인스타그램 @graedobom.pub

ISBN 979-11-92410-32-6 03680